北山 修 編著

「内なる外国人」

A病院症例記録

飯島みどり・大森智恵 解説
金坂弥起・児玉恵美・田中裕記 訳

みすず書房

目次

凡例

本書刊行にあたっては、匿名性の確保の必要から、本文中の固有名詞等に変更を加えています。

まえがき

I　言葉について

A病院における精神療法は、「洞察に向けられた精神分析的精神療法 insight-directed psychoanalytically-oriented psychotherapy」と呼ばれていました。自分について洞察を得るには、当然、自分について分かるための道具として言葉が必要となります。またそれゆえに、この思考の重要な道具である言葉の在り方は、個人の洞察に向かう思考を相当に決定するのです。そして洞察を目指すのですから、言語的思考は、どのような精神分析的な実践でも、価値的に上位に置かれます。

この言語使用の目標の一つは「分かること」にあり、分類や構造化を強いるので、「分からないもの」はその「分かる」ところから排除されていることになります。他方で心や思いはその奥で、あるいはその底であらゆることを思いつくのです。被害的になったり、想像的になったりで、とんでもないくらいに荒唐無稽なことを思いつくこともあります。

こうして現実の言葉は、すべてのことが言えないという有限の構造を有していて、その底なしの思いと言語構造の間には対立関係の激化が予想されます。つまり、或ることを言うなら、他のことが言えないことになり、思いのすべては言葉で言えない、あるいは言いたいことの言えない、この特徴を、精神分析は「エディプス的」な三角関係として提示することが通例です。

D・W・ウィニコットから学んで、段階論で言うなら、早期幼児期においては言葉（言＝コト）が事実（事＝コト）に直裁的につながると錯覚しています。言事一致で錯覚していたものが、第三者的な現実やルールによって、第一者の言葉は第二者的な事実とつながらないという幻滅や脱錯覚を味わわされることになります。言葉で意味されたものの不在や、意味に反する現実の裏切りによって起こる、言事不一致の幻滅こそが、「エディプス」的三角関係における「壁」、つまり近親姦的な「つながり」に対する「禁止」や「抑圧」、つまりは対象との融合したつながりの喪失や断絶となるのです。このようにして、言語構造が第三者的な検閲を行い、明確化や直線化、そして分類を通して曖昧さや荒唐無稽を内部に抑圧、あるいは外部へ排除していきます。「エディプス」の名前は、母と結婚した息子が父親を殺すというギリシャの悲劇から来ていて、この事実を知った息子は目を突き追放されてしまいます。

この抑圧や排除の結果、「内なる外国語」のようになる無意識と、この国である意識生活との間で、私たち「外国人」の苦労が始まります。私たちはレトリカルな詩的表現、文学的な表現、ユーモア、さらには非言語的な表現活動によって、「言葉の壁」に対する意味のある戦いを挑むのです。それは、排除されたものや抑圧されたものの表出を求める「エディプス」側からの挑戦でありますが、それに成功したとしても、喜びと同時にそこには三角関係の恐怖や不安が伴うものです。

Ⅱ　二重の言語を喋る

以上のごとく言語論が単純化されるとして、本書の読者にとって貴重だと思われる発見と体験の場所を明示しておきたいと思います。同時に、興味深いことに、本書においては治療記録が明快な日本語に翻訳されて示されるために、その二重性が見えなくなることも見てほしいのです。というのは、そこでは私が英語を喋りながら、頭の中では日本人が日本語で考えていて、その間で〈わたし〉という通訳がずっと機能しているのです。つまり、この分割傾向のあるセラピストには、外なる英語と内なる日本語、という形で言葉が二つあるのですが、重要なのは本書のセラピストの自我は頭の中で、その二つに二股をかけて渡していることです。

本書における、この言語的な二重構造は、紙面の内側に抑圧され、あるいは分けられた形で、舌ったらずの「よく喋れない外国人」としているということです。フロイトが言うようにこの「抑圧されたもの」は、まさに「自我にとっての外国、内なる外国に他ならない」のであり、自我による分割が起こっているのです（『続精神分析入門』）。「内なる外国人」はうまく喋れないので、その拙い言葉はそのままではよく分からないので、「内なる外国語」を私がこの国の言葉で理解する際に通訳や翻訳が必要になります。

私の分割されやすい二重言語意識は、もちろん生来の日本語の「本音／建前」や、「話し言葉／書き言葉」「平仮名／漢字」に始まっていましたが、その臨床実践における気づきはこの外国における臨床から始まるのです。この問題の重要性は、海外で精神分析のことを学び、その実践を日本で行いながら、またそれを海外で発表したり、を繰り返すなら自然と生まれてくるものでしょう。内外の境界に立った先達として、フロイトに理解されなかったという「阿闍世コンプレックス」や、訓練分析に挫折した土居健郎の「甘え」の議論が、ここでいう「言葉の壁」に出会った例だと思うのです。

Ⅲ　「言葉の壁」と「内なる通訳」

クリアーにものを言わねばならない英語は、もちろん私とって外国語です。今の私は、若い時と比べて英語が下手になってきたと思いますし、どうしてもいったん日本語で考えるために、それを英語にする際に絶えず内的な通訳（つまりインタープリテーション）が必要です。また、私たちの無意識は外国語のような状態にあるなら、特にその読解にはインタープリターが必要であるので、心の内外や意識と無意識の間にある分割する

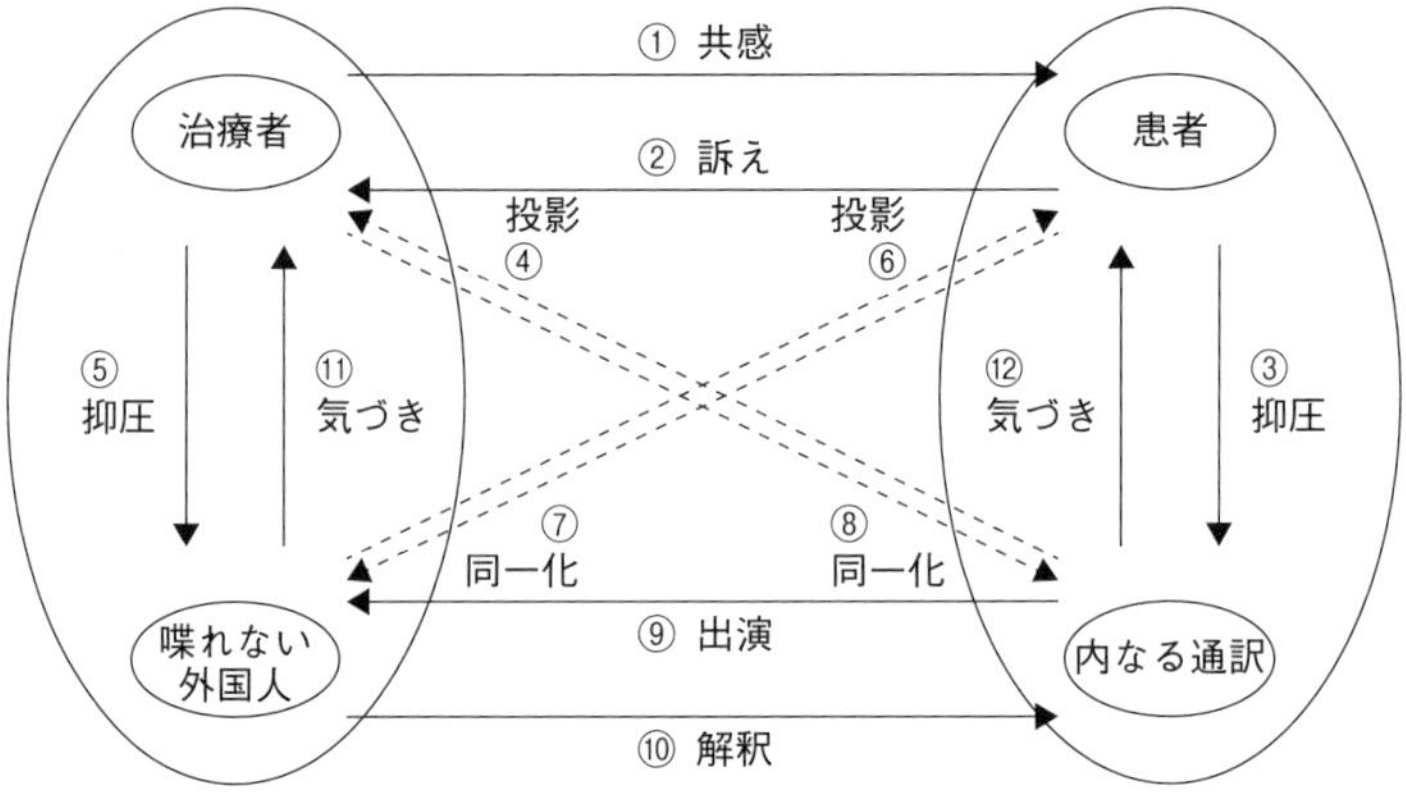

「壁」を、この日本語対外国語の「壁」に投影しやすいのです。

　語学でも、臨床でも、言いたいことがあるのに言葉で言えないと言う問題では、単にレッスン数を増やすだけでは、心は言葉にならないのです。それは「言葉の壁」という困難と出会いながら、恥をかいて、通訳・翻訳を身につけるプロセスにかかっています。

　それは臨床場面でも起きます。上の図をご覧ください。

　最初にことわっておきますが、本書に登場する患者は二人ともシャイで社会性のある人たちでした。そして何よりも重要なのはパーソナリティの統合性の高い人たちであったことであり、「覆いをとる方法 uncovering method」による治療が可能な方々でした。

　しかしそれでもなお、違和感のあるその症状は本人にとって理解できない外国語のようなものであり、私は、それに共感する治療者として①、患者の訴え②に耳を傾けました。患者は、内なる通訳者を見失っていましたが、それは抑圧でした③。治療者は、患者の症状を翻訳する通訳を期待されており④、そこで「下手な英語」を喋る外国人を抑圧しながら⑤、彼らに相対していたのです⑧。そして、自己理解の進まない患者に対し私の「喋れない外国人」は投影され、患者もそれを引き受けていました⑥⑦。ところが色んな意味で「下手くそ」な私は絶対ではなく、私という外国人の「拙い英語」による解釈は「有無を言わせる」ものであり、彼らこそ参加（出演）し始め⑨、彼らこそが私の解釈⑩の受け手となり、そこに私が気づいたなら⑪、患者も「内なる通訳」に気づいて⑫自己理解の機会を得ることになると言えるでしょう（この図は拙著『劇的な精神分析入門』に掲げたものですが、S・フロイト、M・クライン、D・W・ウィニコット、W・ビオンらのアイデアが取り入れられています）。

この展開の鍵を握るのがセラピストの気づき⑪ですが、それを促進するのがセラピスト自らが受ける訓練です。それは、スーパーヴァイザーである分析家と患者について相談するスーパーヴィジョンと、訓練分析家、自分のことを分析してもらう精神分析（訓練分析）から成ります。中でも、内なる「喋れない外国人」が通訳されて喋り出せるのは後者のおかげだということになります。だからこそ、取り入れられて、患者の内なる通訳機能が上昇するのでしょう。本文では姿を見せないのですが、私の訓練分析では、週に4、5回も会うところで、言いたいことが言えないという私の訴えに対して「無意識の言葉が喋れないのですね」と私の訓練分析家は解釈していました。

現代の垂れ流される言葉の洪水の中で、饒舌に喋る人たちが言葉を失なうということは本当に珍しいでしょう。しかし、言葉を失う経験は「内なる外国人」が路頭に迷う貴重な機会なのです。そこで、言葉で自らを知り、自らの思いを分かるためには、セラピストも患者も、内なる「外国」との接点で「内なる外国人」の〈わたし〉が「言葉の壁」にぶつかり、言葉を混乱させて、「通訳」を求める機会を増やすしかないのでしょう。

この治療記録の翻訳では、かなり間のあいたところや、余計なことを言うところを本文でしっかり表わせていないのが残念ですが、それでも精神分析的精神療法のリアリティにかなり迫っていると思います。また、器が内容を決定するように、「期間設定」が治療の中身を決定しているし、グループ療法が当たり前になっている設定であり、スタッフにも外国人が多いのも特殊な状況でしょう。しかし、弁解しないで記録のそのままを公開することこそが本書に説得力をもたらすでしょう。そして、私の精神分析家になるための勧めとして、そして、一般の方が精神分析を受けるために知るべきこととして、セラピストが並行して受けるセッション数の多い訓練分析こそが肝心要だということも想像していただけると思います。是非とも、「通訳」の場所、「翻訳」が展開するところを目の当たりにご覧になってください。また、「週一回サイコセラピー」の円環的時間感覚の重要性については、『週一回サイコセラピー序説』(高野晶編、創元社、２０１７年)を参考にしてもらいたいと思います。

最後に、私のスーパーヴァイザーであったヘンリー・レィ先生とメリー・ジャクソン先生、そして訓練分析家のトーマス・ヘイリー先生には心より感謝しています。彼らの解釈や助言なしでは、この中身とこの出版もあり得なかったと思います。お世話になった多くの人々の中でも、解説を書いてくださった飯島みどりさん、大森智恵さん、そして英文の手書き記録を読み取って翻訳してくれた金坂弥起くん、児玉恵美さん、田中裕記くんらに、さらにはみすず書房の小川純子さんに謝意を表したい。自分を見るのが非常に苦しかったのが、10年足らずの年月をかけた彼らの「翻訳」と「通訳」のおかげで、ようやく本書となって陽の目を見ました。最後になりましたが、患者さんのお二人には、心からの感謝を申し上げたいと思います。

北山　修

女性症例

外来精神療法部門初診アセスメント

Bさん　29歳　外来

X年10月2日

　この患者さんは、極めて内向的で感情を表出できなかったものの、たいへん実り多い面接ができました。当初彼女は懸命に話そうとしましたが、顔を赤らめ、当惑した様子で話すことさえできませんでした。しばらく待ってみて、具体的な質問を投げかけると、彼女はようやく協力することができ、最終的には自分の性的な問題についてかなり自由に話すことができるようになりました。やがて彼女は、微笑むことさえできるようになりました。私は、彼女が精神療法に取り組むことができるかどうかを見極めるため、精神医学的面接ではなく、精神療法としての面接を設定しました。彼女は精神療法にたいへんふさわしいケースだと思います。

　以上により、個人精神療法の適応と判断します。

Dr. C

（X年10月7日に記す）

事例の概要［カンファレンスのためにまとめたもの］

Bさん　29歳　未婚　秘書

この患者は、X－1年5月から少量の抗うつ薬で治療を続けていた開業医から紹介されてきた。ここへ紹介されたのはX年2月で、これまで外来治療を行ってきた。彼女を診察した研修医はみんな、彼女が支持的な精神療法によって回復するであろうと考え、7月にこの外来部門に紹介された。アセスメントはC医師によって10月に行われた。

彼女の主訴は、3度のうつ病[1]のエピソードと、自分には同性愛傾向があるのではないかという強迫的思考であった。

家族歴：彼女の母親は、彼女が26歳の時、心臓発作のため66歳で死亡した。母親はずいぶん前から心臓病を患っており、何回かの入院歴もある。彼女によれば母親は優しい人だった。父親は67歳で存命、姉は2歳年上[2]だが、そのいずれについても詳細は不明。

生活歴：母親の心臓病のため彼女は病院で生まれたが、正常分娩であった。母親は40歳だった。彼女が5歳の時、母親は約1年間入院しており、その間、彼女と姉は叔父宅へ預けられた。彼女は母親と離れ離れになる

1　原文は、depression.
2　北山による症例論文（本書102～116頁）では、プライバシー保護のため「3歳下の妹」に変更されている。

ことを嫌がった。

16歳から秘書として働き始める。

17歳時、男性と恋愛関係になるが、1年足らずで別れる。

18歳時、彼女の母親は心臓発作のために入院した。それと前後して彼女は抑うつ状態[3]となり、母親の入院に対する罪悪感を抱くようになる。彼女の母親は彼女の男性関係を心配していた。

26歳時、母親が死亡。以後、40代のD氏と知り合う27歳まで、父親と一緒に暮らす。その後、彼女はひとり暮らしを始めるが、D氏は近所に住んでいるためほとんどいつも彼女と一緒である。彼女がここに来院する時は、D氏がついてきている。

1回目　X年12月16日

彼女はあまり抑うつ的に見えなかった。病院までは、中年男性[4]の運転する車でやって来ていた。彼女は当初、たいへん内気だったため、明らかに懸命に何かを言おうとしていたにもかかわらず、言葉にすることができなかった。

患者：何について話したらいいと思いますか？
治療者：思い浮かんだことをどんなことでもいいから話してみてください。
（5～10分の長い沈黙）
患者：おかしなことを考えています。
治療者：詳しく話してください。
（5～10分の沈黙）

彼女は自分の抑うつ状態の病歴について、手短かに語り始めた。10年前[5]、抑うつ状態になるまではとても元気だった。そして3年前に再び抑うつ状態に陥った。

患者：抑うつ状態になると私は違う人になるんです。鏡を見ると、まるで自分が違って見えるんです。

（沈黙）

治療者：鏡の中のあなたはどんな人のようなのですか？

（沈黙）

答えようとしていたが、ただ「あぁ、バカなことです」とだけ言った。

治療者：それについて話すと、バカなことのように聞こえるんじゃないかと心配しているのですね。

患者：わかりません。抑うつ状態になると、2〜3日、何もせずに過ごします。食欲もありません。誰にも会いたくないんです。

治療者：抑うつ状態の時は誰にも会いたくないんですか？

患者：いいえ、女性に会うのが嫌なんです。姉さえも堪えられません。何てバカバカしい。調子がいい時はよく一緒に出かけていたのに……。

患者：母は亡くなりました。でも、もし生きていたら、母でも堪えられなかったでしょうね、何てバカげたこと……。

彼女の母親は心臓発作で4年前に亡くなっていた。

治療者：憂うつな時、自分が男性のように見えてしまうことがあるのですか？

カルテの報告でわかっていたので、同性愛傾向に触れてみる。

患者：ええ。私はまるで女性にひかれるように感じるんです。これが、私が抑うつ状態の時に女性に会いたく

3　原文は、depressed.

4　事例の概要にあるD氏のこと。

5　彼女が19歳の時。

ない理由なんです。
治療者：女性であることが嫌なんですか？
患者：いいえ、女性であることには幸せを感じます。
治療者：女性に対する気持ちを詳しく聞かせくれますか？
患者：（沈黙）
患者：抑うつ状態の時、私のボーイフレンドが母親のように見えました。それで時々、怖くなるんです。（沈黙）
患者：今は大丈夫ですけど、また抑うつ状態になるのが心配です。

2回目　X年12月30日

患者：調子はいいです。

彼女はずいぶんと多弁になっていて、ダブルベッドへの恐怖感について語り続けた。彼女は、ダブルベッドを見ると部屋から出て行かないといけないように感じるのだが、ダブルベッドから何か性的なものを思い起こすということを認めた。

治療者：セックスを恐れているんですか？
患者：いいえ。セックスについて私はノーマルです。

それから私たちは彼女の性にまつわる背景について話し合った。彼女が最初に性的な関係をもったのは18歳の時であった。彼女は相手のボーイフレンドを愛していたが、彼は彼女との結婚を望んではいなかった。だから、彼とのセックスを楽しんでいたにもかかわらず、彼と別れることになった。彼女が最初に抑うつ状態に陥ったのはその3ヶ月後だった。その際、自分が同性愛者じゃないかという考えが思い浮かんだ。彼女は自分がノーマルであることを証明するためだけに、他の男性とセックスをした。今、彼女には中年男性の交際相手がいるが、その人との間にセックスはない。私はその理由を尋ねてみた。

患者：彼のことを愛していないからです。

彼はセックスを求めはするが、決して無理強いすることはない。彼が抱きしめてくれる時はいつも、彼女は彼のことをあたかも母親のように感じてしまう。それで抱き合っている途中、突如として、こんなことをしていてはだめだと感じるのだった。

私は母親について語るよう彼女を促した。彼女の母親は彼女が生まれる前から病弱だった。彼女が6歳の時[6]と18歳の時に、母親は心臓発作に見舞われた。それ以降、4年前に亡くなるまで、彼女の母親は何度も心臓発作に襲われていた。母親の病状が悪化の一途をたどっていた際、彼女は初めて抑うつ状態となったのだが、母親を心配させたくないので自分がどれほど抑うつ的であったかを母親にうちあけられなかったのである。

抑うつ状態だった時、彼女は葛藤状態にあったのかもしれないと私は伝えた。即ち、彼女は母親を心配させたくない一方で、母から世話してほしかったのではないか、と。

患者：そうですね。私は自分の困っている問題を両親に伝えたことは一度もありませんでした。

治療者：抑うつ状態だった時、あなたの周りの人たちみんながあなたのお母さんのように見え始めたのではありませんか？

患者：はい、そうです。それで私は自分が同性愛者なのではないかと思いました。抑うつ状態に対処するために、安心感に満ちていた自分の子ども時代のことを考えようとしました。

治療者：それはあなたが両親からちゃんと世話されていた時期だからですね。あなたはお母さんの腕の中に抱かれていた。

6　事例の概要では5歳時とある。

患者：はい。
治療者：抑うつ状態の時は、きっとあなたは大勢のお母さんを求めるのでしょう。そしてその大勢のお母さんたちにあなたの気分を分かち合ってもらいたいのでしょう。
患者：わかりません。
セッションの終わり頃、今の交際相手だけが、彼女の問題について話せる唯一の人であることを語った。
治療者：では、彼はあなたにとってのお母さんなんですね。
患者：はい。
治療者：なるほど。これは来週も話し合うべき大切な問題ですね。

3回目　X＋1年1月6日

患者：始めるのが怖いです。
（10分間沈黙）
患者：簡単なはずなのに。
患者：先週話し合ったことについて話した方がいいですか？
治療者：話したければどうぞ。
患者：いいえ、特に話したいことがあるわけではありません。
（10分間沈黙。泣き始める）
患者：ここから出て行きたい。仕事に戻りたい。
（合計すると約30分間、ふたりともほぼ沈黙。彼女は再び泣き始める）
治療者：どうして泣いているのでしょうか？

患者：無駄な時間を過ごしている気がして……。

　それから彼女は、抑うつ状態だったときに母親には率直に話せなかったことを語る。それは、自分がどれほど落ち込んでいるかを伝えることで、母親の状態を悪化させたくはなかったからだった。

患者：母は、私が母を嫌っていると思っていました。でも、なぜ率直に話せないのかは母には言えませんでした。だから母には私のそばにいてほしくなかったんです。

（５分間沈黙）

　その後、彼女は夢を語った。夢では母親はまだ生きており、彼女は母親にいつも日常のあれこれを話している。彼女は特定の夢を語ってはいなかった。

治療者：もしお母さんが生きていてくれれば、そして、お母さんに何でも率直に話すことができればと願っているんですね。それがきっと、あなたが抑うつ状態の時にしたかったことなのでしょうね。

患者：はい。でも、実際には母に率直に［言うに言えない気持ちを］言えませんでした。

（すすり泣く）

患者：母に抱いてほしかった。私が赤ん坊の頃はよく抱きしめてくれました。赤ん坊のままでいたかった……。

治療者：お母さんに抱きしめてもらいたかったのに、あなたが抑うつ状態のとき、お母さんは抱きしめてはくれなかった。抱きしめられていたら、あなたは何を得られたのでしょうか？

患者：愛情、安心感……理解されている。[7]

治療者：一種のコミュニケーションですね。抑うつ状態だった時、あなたは何も言わなくてもわかってもらいたくて、お母さんに抱きしめてほしいと思ったのですね。

治療者：でも、大人の部分がお母さんを心配させたくなくて、それで何も言えなかったのですね。

7　原文は、affection, security, understanding.

患者：その通りです。

治療者：あなたの心の中の赤ん坊が抱きしめてほしいと思っていた。でも、大人の部分がお母さんを心配させたくなくて、それで何も言えなかったのですね。

患者：はい。私は抑うつ状態の時には子どもっぽくなるんだと思います。

治療者：きっとあなたはお母さんに腹を立てていたんでしょう。

患者：そうです、その通りです。とても腹を立てていました。でも、なぜ母に対して怒っているのか、なぜ私自身に対しても怒っているのか、私にはわかりませんでした。

治療者：このセッションの中でも同じことが起こっているんだと思います。あなたが沈黙したままでいたので、私はあなたを理解することができませんでした。それであなたは私に対して腹を立てて、ここから出て行きたくなったのでしょう。

患者：先生が助けになっていないから、怒っていたんです。

治療者：長く時間がかかる営み[8]にもあなたは怒りを感じるし、おそらく、精神療法がどのように役に立つかについても疑問に思っているのでしょう。

患者：はい、そうです。甘えん坊みたいに怒っていました。先生を懲らしめたくて出て行きたいって言ったんです。

治療者：でも実際には出て行かず、ひたすら泣いておられた。

患者：だって怖かったから。どうしてそんなふうに感じたんでしょう……。

治療者：おそらく、怒りの感情にあなた自身で何とか対処しようとされたのでしょう。あなたは何も言わなくても理解してほしかったし、助けてほしかったんです。あなたは、お母さんがいつもいたのと同じ立場に私を置いたのです。きっと私に抱きしめてほしかったのでしょうね。

患者：（彼女は訝しげであった）

4回目　X＋1年1月13日

患者：今日は、前より調子が悪いです。先生が先週言ったことを考えて、怖くなりました。

（彼女は震え出し、手を肩に置いた）

患者：先生の言葉から、数ヶ月前に年配の医者[9]に言われたことを思い出しました。その医者は、私が初めて恋に落ちた相手が誰であるかを尋ねてきました。私は「この男の子」と答えましたが、その医者は「いや、あなたのお母さんだ」と言い、「あなたはセックスのことばかり考えている」とも言ったんです。ものすごく頭に来ました。（まだ震えている）。先週、そのことについて考えていたら怖くなりました。だから今日はここに来たくなかったんです。しかし、先生に言いたいことがあったのでやって来ました。今は、先生に何も言いたくないと感じます。あぁ、震えが止まらない。先生に何もしてあげられないから[10]、先生は私に出て行ってほしいと思っておられるでしょう。先生の時間を無駄にしているみたいだから。

治療者：私に何か伝えることを、身体の震えが邪魔しているようですね。

患者：はい。（彼女は震え続け、私は待った）

患者：先生に伝えたかったことを考えようとしています。

治療者：あなたの心の一部は私に何かを言いたがっているけど、別の部分は言いたくないと思っている。あなたはお母さんに対しても同じ問題を抱えていましたね。困っていることをお母さんに伝えたかった一方で、お母さんを心配させたくないのでしたね。

突然、彼女の震えが止まった。

8　原語では the long journey.

9　初診医のC医師と思われる。

10　原文は、I'm not helping you.

患者：（微笑んで）そうでした。あ、震えが止まった。

治療者：震えが止まったことで、あなたはご自分の問題について何か私に教えてくれているのだと思います。私がお母さんの話をするとすぐに震えがとまった。あなたの問題はお母さんとの葛藤にまつわるものではないでしょうか。話さずにお母さんに気持ちをわかってほしかったとあなたは言いましたね。そして今、あなたは何も話さずに気持ちをわかってもらいたいと思っているのでしょう。お母さんのようにあなたに語りかけてほしい、そして理解してほしいと。きっとあなたは私をお母さんのように思っているのではないでしょうか？

患者：そんなことはありません。先生は母とは違います。

治療者：確かに私は医師ですが、お母さんにわかってもらいたかったように、多くを語ることを強制することなく、患者としてのあなたを私に理解してもらいたいということですよ。

患者：はい、それはそうだと思います。

　彼女はリラックスしたように見えた。

治療者：ではなぜ年配の医師の言葉に対して、あなたはそんなに腹を立てたのでしょう。

患者：あの先生は私が母と恋仲であると言い、私がセックスのことばかり考えていると言ったからです。私はあの先生が嫌いです。

治療者：では、その先生は、あなたとお母さんが、いわば性的な関係にある恋仲[11]だったと言ったわけですね。

患者：はい。そういう意味だと思いました。

治療者：それこそがおそらく、あなたがずっと心配だったことなんじゃないですか。

患者：はい。特に抑うつ状態だった時には。ええと、だから私は……。

　彼女は何か言おうとしたが、結局何も言えなかった。しかし、最後はうれしそうだった。

5回目　X＋1年1月20日

交通状況のために20分遅れた。

患者：治療室を出る前に思い出していたことがあります。しかし、私は言いませんでした。しかし、今は話したいから話します。

彼女は先週抑うつ状態だった理由を語り始めた。日曜日にテレビを見ていたら、男女が互いを愛撫していた場面があった。その際、彼女はその女性を自分の腕で抱きしめているように感じたのだった。すると彼女は交際相手の男性がそばに一緒にいるにもかかわらず、寂しくみじめで、絶望的な気持ちになった。まるで自分がひとり取り残された感じがして、相手の男性がとても遠い存在のように思えた。彼女は自分が再び抑うつ的になりつつあると感じ、何も食べたくなくてテーブルの上の料理を押しやった。そこで話を止めた。

治療者：それは先週あなたが外出する前に起こったことですか？

患者：いいえ。先生に伝えたかったことは、変に聞こえるかもしれないけど、彼の足から母のことを思い出したんです。彼の足の柔らかさが。彼にはこんなこと話してませんけど。先生には伝えたかったんですが、言えませんでした。それを言わなかったことで、先生に会ったあと、とても腹を立てていたのです。それで今日こそ、先生には言おうって決めたんです。

私は、彼女が言ったことを繰り返し、それを直面化した。そしてテレビのラブシーンを見た時の気持ちを詳しく話すように求めた。それに対して、誰かにしがみついているような感じと彼女は表現した。

治療者：あなたがしがみついている相手は、母親なのではないですか？

患者：そうだと思います。テレビの男性も女性にしがみついていましたから。そのあと、絶望的な感じになり

11　原文は、“be in love with your mother sexually”.

ました。
治療者：今よりずっと若い頃、同じようなことを感じたことはありますか？
患者：（彼女は混乱しているようだった）
治療者：お母さんがあなたをひとりぼっちにした時、あなたは同じように感じたのでしょう。
患者：母は私をひとりにすることは絶対にありませんでした。
治療者：お母さんは、四六時中あなたと一緒だったわけではないと思います。料理をしたり、誰かの面倒を見たりするために、あなたをひとりにさせなければならない時もあったでしょう。たぶん、そんな時にあなたはお母さんにしがみついて泣き出したんでしょう。

　この解釈から彼女は、母親がよく彼女に言っていたことを思い出した。母親から彼女はずる賢い赤ん坊[12]と言われていたことを思い出したのである。彼女は母親から再び抱き上げられるまで泣き止まなかったし、部屋でひとりにされた時には必ず母親を求めて泣いていた。だから、母親は夫婦の寝室に彼女を連れて行かなければならなかったのだが、彼女の父親はそのことを嫌がっていたのである。これが母の言っていたことだった。

患者：母がいなくなるといつも泣いていたと思います。

　それから私は食べ物の意味について話を進めた。彼女は日曜に抑うつ状態になりそうだと感じた時にテーブルの上の料理を押しやった。私は赤ん坊の時にもそうやっていたのではないかと彼女に伝えた。彼女は母親が自分をひとりぼっちにしたことにとても腹を立てていた。だから、彼女は食べることを拒んでいたのである。

患者：（少し疑いながらも、やっと）あぁ、そうですね。赤ん坊の頃、私には食べることにまつわる問題があって、それを心配した母が病院に連れて行ったとよく母から聞きました。
治療者：あなたはとても怒っていたから、食べ物を押しやったのですね。

患者：わかりません。覚えている限りでは、幸せな子どもでしたから。
治療者：でも、不幸せな赤ん坊だった。
患者：はい。母も私がみじめな赤ん坊[13]だったとよく話していました。母は私をそんなふうに言っていたのです。

6回目　X＋1年1月27日

患者：先週話し合ったことを続けた方がいいですか？
　彼女は、母親が入院したために彼女と姉が叔父の家に預けられた5歳頃のことを語り始めた。
患者：そこにいたくなかったけど、母がいなくて寂しいと思ったかどうかは覚えていないんです。叔父宅では面倒は見てくれなかったけど、そこでみじめな気持ちだったとは思いませんでした。ただ、叔父たちは私が嫌いなものを食べさせようとしました。
治療者：（沈黙）
　それから彼女は叔父宅で出会った従兄について話してくれた。叔父や叔母が留守の時、その従兄が彼女の面倒を見てくれていた。彼は17歳だった。
患者：彼が好きでした。でも、退院した母が私を呼び戻しに来た日、彼は私を叩いたんです。
患者：この話、全部聞きたいですか？
治療者：（沈黙）
患者：彼が好きでした。彼は私を触ってきました。あぁ、怖い。まだ5～6歳だったのに。
患者：性的なこと[14]があったとか、彼が襲って来たとか、そんなことではないんです。そうではなく、むしろ私

12　原文は、crafty baby.
13　原文は、miserable baby.
14　原文は、sexual intercourse.（「性的なこと」もしくは「性的な関係」と訳す）

はそれを楽しんでいました（恥ずかしがる）。

患者：夜、彼が私の寝室に来てくれないかなって待っていたんです。1回だけ彼の寝室で寝たいと叔父に頼んだことがあります。それで1回だけそうさせてくれました。

患者：彼に触ってほしかったし、彼を見たかったんです。

治療者：見たかった？　彼は裸だったんですか？

患者：はい。彼の身体を見たかったんです。

治療者：あなたは彼のペニスを見たかったんですね。

患者：そう。彼のペニスが見たかったんです。なぜだかわかりません。でも興奮しました。あぁ、おかしな話……。

患者：13歳で生理が始まるまで、この話は母にしませんでした。生理が始まってから、6歳の時に彼が私にしたことで、私が妊娠してしまうんじゃないかと思って、母に話したんです。バカみたいですね。

それから彼女は、父親が叔父宅には来たこともないし、養育費を払ったこともないということを叔父から聞かされ、思い煩ったことを話し続けた。

患者：（沈黙ののち）そういうことだったんだと思います。

治療者：なぜ従兄のペニスを見たかったんだと思いますか？

患者：わかりません。ただの子どもの遊びだったんでしょうね。

従兄は彼女の母親や父親の代理であり、従兄のペニスは母親の乳房や父親のペニスの代理であるといった理解に沿って私は解釈した。

しかし、彼女はそれを受けいれなかった。

7回目　X＋1年2月3日

沈黙（10分間）

患者：調子はいいです。何について話したらいいですか？

治療者：（沈黙）

患者：あの……。あぁ、バカバカしい。えぇと……。

治療者：何にひっかかっているんでしょう。

患者：そう……先週のセッションの後、とても腹が立つことがあったんです。セッションが終わってから、エレベーターで男性と出くわしたんです。その人から、そいつは値うちはあるのかい、と尋ねられました。でも、エレベーターが止まって、その人が降りて行ったので、答えることができませんでした。何か言いたかったけど、言えませんでした。だから、その男性にとても怒りを感じました。

夜、その男性を思い出していかに自分がイライラしたかについて彼女は語り続けた。私は、彼女が私に対する怒りを違う形で語っているのではないかと伝えた。

患者：はい、そうです。

治療者：あなたはなぜ私に対して怒っているんだと思いますか？

患者：わかりません。

治療者：おそらく、その男性が言ったことに関連しているのでしょう。その人は「値打ちはあるのかい」と言った。きっとあなたも迷っておられるのでしょう。

患者：そうです。ここに来始めてから、私がだんだん悪くなっているように見えるって、友だちに言われました。

治療者：あなたはどう思いますか？

患者：何が何でもよくなりたいと思います。これがよくなるための最後のチャンスだと思っています。北山先生は私を助けてくれますか？　あぁ、先生は質問には何も答えてくれない……。

治療者：きっとあなたは、私に魔術的な治療を求めておられるんですね。

患者：はい、もう二度と抑うつ状態にはなりたくないですから。

　彼女はとても攻撃的かつ死に物狂いだった。

　私は、先週、彼女が何にそんなに腹を立てたのか、もう一度尋ねてみた。

患者：先週、従兄の話をしましたよね。それまで誰にも話さなかったことなんです。

治療者：従兄のことを話したから、あなたは腹を立てた。

患者：はい。プライベートなことを話して怒ってしまったんです。

　彼女は前のセッションで話し合った内容を語り、そして私が言ったこと、特に、彼女が叔父宅に預けられた際、従兄の存在は彼女の両親の代理のようなものであったという私の解釈が理解できなかったと悲しげに語った。

患者：（悲しげな様子）

　私はその解釈を、彼女にも理解可能なものになるように言い換えてみた。つまり、母親に対する愛情は、性的な感情をも含み込んだ根源的な愛情である、と。

患者：はい、それならおっしゃることは理解できます。でも、でも……。

患者：母が死んだ時、私は何も感じませんでした。

治療者：どういうことですか？

患者：（泣いている）

（ほとんど時間が終了）

患者：先生は私に、また来て欲しいですか？

治療者：はい、お願いします[15]、来週の火曜日、またいらしてください。

8回目　X＋1年2月10日

患者：ここのところ調子はいいですが、でも、とても腹を立てていました。

先週のセッションの後、彼女はとても怒っていて、その日は何もする気にはなれなかった。母親との死別に際して彼女が何も感じなかったと告白した時、私が何もわかっていないと彼女は感じた。そして、彼女を回復させることができるとは明言できないと私が言ったことで、彼女は傷ついたのだった。

患者：この治療はやはり役に立たないのではないかと考えていました（怒りを込めて）。

それから彼女は、母親が亡くなった時のことを話し続けた。彼女は、死の淵にいるのは母親ではなく、何か別のものが死にかけているのだと感じていた。それで、父親と姉がパニックになっていたにもかかわらず、彼女自身は冷静に母親の死をうまくやり過ごすことができていた。

患者：でも今は、母の死について話すと怒りを感じます。なぜだかわかりません。悲しくて、ただ怖くて……。

患者：何を感じるべきだったのかわかりませんでした（沈黙）。

治療者：何を感じればよかったと思いますか？

患者：空虚感[16]でしょうか。あの時私は空虚ではありませんでした。

治療者：きっとあなたは何も感じたくなかったのでしょうね。

患者：私は……母が亡くなったのは彼らのせいだと思います。

すると彼女は、母親が亡くなった時、医者や看護婦がいかに冷淡だったかを話し始めた。

治療者：彼らがあなたのお母さんを殺したと感じているのですね。

患者：はい、そう思っています。でも今は仕方がなかったんだと理解できますけど。

15　原文は、yes please. 症例論文では、「お願いします」と訳されている。

16　原文は、emptiness.

治療者：あなたはきっと、今もまだお母さんの担当だった医者たちに怒っていますね。

　私は彼女が私に対しても怒っているだろうと伝えた。なぜなら、医者たちが母親を治せなかったように、私もまだ彼女をよくすることができていなかったからである。しかし彼女は、母親の担当医にとても腹を立てたことは認めたが、私に対する怒りは否定した。

患者：（泣き出しながら）なぜ私はここで怖くなるんですか？　母について話すと必ず、泣きたくなるんです。

　私が彼女を泣かせていると言わんばかりであった。それは私に対する敵意の感覚だった。しかし、私は黙っていた。

患者：母が亡くなったことはわかっています。

治療者：しかし、あなたはお母さんが生きていればと強く願っていますね。

患者：はい。とても。でも、私のうつ病は無関係なんです。母が死ぬ前に、うつ病になったんですから。母が実際に死んでしまうまで、母がそんなに深刻な病気だとは知らなかった。

患者：母が生きていればって思います。でも仮に母が生きていても、私のことをわかってくれたとは思いません。

　私は、彼女にはふたりの母親がいるのではないかと伝えた。ひとりは彼女を理解してくれないひどい母親、もうひとりは彼女がまだ生きていてほしいと願う母親のふたりである。

患者：いいえ、母はすばらしい母でした。私はひどい子どもで、母をとても傷つけていたんです。

　彼女は急に大声で泣きくずれて、「父は、〝お前が悪い〟と言うんですよ」と言った。彼女は、彼女が5歳の頃[17]、母親が心臓発作を起こした時のことを語り始めた。彼女の母親が心臓発作に見舞われたのはクリスマスの日だった。幼かった彼女は、クリスマスのためのドレスを繕ってほしいと母親に頼んだ。母親は夜遅くまで縫い続け、そして発作に襲われたのだった。父親は、あんなことを母親に頼むべきではなかったと彼女を咎めたのである。

患者：父からはひどく傷つけられました。私はほんとに腹が立ちました……。

彼女は15分ほどすすり泣いた後、まだ泣きながら退室しようとし、「先生は私に、また来てもいいですか？」と言った。

治療者：はい、お願いします。[18]

9回目　X＋1年2月24日[19]

10分間、彼女は黙っていた。その間、「もうこれ以上お話したくありません」とだけ言った。怒っているようだった。

時間を無駄にしているという彼女の気持ちを増長させたくなかったので、私が口火を切った、沈黙が続いたため、彼女はますます緊張していくようだった。

治療者：何について話したくないのですか？

患者：先々週の話題です。

治療者：先々週、どんな感じがしたのですか？

患者：セッション中、取り乱していました。

治療者：私があなたを困らせていると感じたのでしょうね。あなたのお父さんと同様に、私があなたを怒らせていると。

患者：はい。でも、そのセッションの後はかなり気分がよかったんです。いつもだったらセッションの後は怒りが湧いてきやすいんですけど。でも先々週は、本当の気持ちを表現できて、とてもすっきりしました。い

17　5歳という記述と6歳という記述が混在している。

18　原文は、yes please. 8回目と同様、症例論文では「お願いします」と訳されている。

19　治療者が体調不良によりセッションをキャンセルしたため、8回目の2週間後に行われた。

つもそうあるべきなんでしょうかね。
治療者：何をすべきかはわかっていても、そうしたくないんですね。
患者：はい。（不機嫌な様子）
治療者：先週、私がセッションの約束をキャンセルしたのも、あなたがまだ怒っている原因のひとつかもしれませんね？
患者：いいえ。先生がキャンセルしてくれてうれしかったんです。ホッとしました。でも、あとになって、先生がもう私に来てほしくないと感じているんじゃないかと心配になりました。前回取り乱してしまったものですから。
治療者：あなたが取り乱したから、私が怒っているかもしれないと感じたのですね。
患者：そうです。時々、私はここに来たくなくなります。時々、そう言ってやりたくなるんですが、言えませんでした。やっぱりここに通ってこなきゃダメですか？　これが最後のチャンスなんですよね。
治療者：他に選択肢がないから、ここに来ることを無理強いされていると感じるのですね。
患者：はい。先生は私がもうここへ来なくてもいいと思いますか？
治療者：きっとあなたは安心したいのですね。ここに通うべきかどうかを私に決めてほしいと思っている。でも、実際に迷っているのはあなた自身に他なりません。

あなたがここに来たくないと思っていて、それで、私がひどく怒っているからセッションの約束をキャンセルしたんじゃないかと心配し始めた。本当は、あなたの気持ちを私に押しつけたのでしょう。

投影の機制について説明する必要があった。私は彼女が私からの治療継続の促しを必要としていると感じたので、セッションが一方通行であることに彼女が不満を感じていると指摘した上で、投影の機制について説明した。彼女はそのことに十分納得した。
治療者：あなたはまず怒りを感じるけれども、それを表に出してしまうとどうなってしまうかが恐くなるので、怒りを押し込めておこうとする。でも、それと同時にその怒りの感情を私に投影しなければならなくなるのです。

　彼女はしっかりと理解した。

患者：しばしば傷ついてしまうんですけど、それを黙っていようとするんです。いつも忘れようとするんです。みんな、私が幸せそうに見えると言います。表向きはいつも幸せそうな顔を取り繕って、怒りの感情は胸に秘めてしまいます。

治療者：あなたには胸に秘めた感情がたくさんあるようですね。例えば、先々週あなたは、お父さんの話をしている時に突然泣き出しましたよね。でもあなたは自分が幸せな子どもだったと言い張った。お父さんに対して怒りを表せなかったのは、そうするとそのあとどうなってしまうかが怖かったからでしょう。幸せそうに見えて、実はいつも幸せだったわけではないのでしょうね。

　彼女はしっかり納得した。私は、自分が患者に何か教え諭すようなセッション[20]を行っているように感じた。

患者：今までずっと感情を貯め込んできました。

治療者：うっ積した感情をどうやって外に出してやるか、一緒に考えないといけませんね。「私が抑うつ状態になると、私の母は怒っているようだった」とあなたが言っていたのを思い出します。あなたが抑うつ状態のとき、あなたは腹を立ててもいたのだろうと思います。ここで私に怒りを押しつけているのと同様、あなたはお母さんにも怒りの感情を押しつけていたのではありませんか？

患者：私がゆううつになる時、全世界が私に敵のようになって向かってくるんです。私自身が怒っていて、それを周りに押しつけているから、周りも私に対して怒っているように見えるんでしょう。先生のおっしゃる

20　原文は、teaching session.

通りだと思います。先生もその時々で違って見えますから。私が怒ると、先生も怒っているように見えるんです。

(終了時刻となった。)

4月の復活祭[21]のために2週間休むこと、そして、私が夏にはこの治療部門を辞めなければならないことが決まっていることを彼女に伝えた。彼女はそのことに十分納得した。私は、彼女が私の説明から多くの励ましを得て、さらに、この治療が一方通行であることによる不満を、ある程度までは解消できたであろうと考えた。

10回目　X＋1年3月2日

患者：先週のセッションの後、不満を感じていました。今はイライラしています。イライラするためにここに来ているみたい。このイライラ、もう慣れていなければいけないのに。先生が先週おっしゃったことが理解できませんでした。

治療者：おそらくあなたも、私があなたを理解できていないと感じたのでしょうね。あなたが私に何を望んでいるかを私は理解しなかったし、あなたが欲しいものを私があなたに与えていないと。だから、不満に感じたのでしょう。あなたは家からここへ来るまでの間ずっと、私から何かを得たいという期待を抱いていたのに、ここへ到着するとイライラするだけで、何が欲しいのかも言うことができない。(私は彼女が私に何を求めているかを言ってもらおうとしていた。おそらくペニスであろう。)

患者：先生には何も感じません。お薬は処方してくれないんですか?

治療者：薬を処方してもらうことで、手にいれることができないものを手にいれたような気分になりたいのですね。あなたは、とても矛盾するような何らかの感情から逃れようとしているように思われますが。

患者：それが現実逃避だということはわかっています。私は役に立つアドバイスがほしいんです。

それから彼女は話題を変えて、父親について語り始めた。父親は彼女から距離をとっており、彼女が近づこうとして姿を現すと、いつも彼女の気持ちを拒絶し彼女を怒らせるのだった。私は、彼女が父親にかこつけて、実は私のことを語っているのではないかと伝えた。

治療者：私に関してあなたが望むことは、おそらく私に近づくということなのでしょうが、しかし私とは距離があるし、この治療は一方通行的だから、それであなたは不満なんでしょう。

彼女はおそらく、私への性的な感情を語ることを避けているのだろう。彼女は「そうです」と言ったが、それ以上は踏み込んでは語らなかった。

その後、彼女は泣きながら父親について再び語り始めた。父親は妻との死別以降、酒浸りになっていった。ある晩、帰宅すると父親が不在だったため、彼女は心配して警察に連絡した。家に帰って来た父親は泥酔状態で、彼女に対して腹を立てた。自分がどれだけ心配したかを父親がわかってくれていないことで、彼女も父親に腹を立てた。

患者：このことは私の抑うつとは関係ありません。その出来事は母が亡くなった後のことで、私はもっと前から抑うつ状態でしたから。

私は、父親に対して腹を立てていた4歳当時、彼女が感じていたことを思い出させようとした。

患者：でも、姉も同じ体験をしていたはずなのに、どうして私だけ姉と違うんでしょうか？

治療者：同じことでも違う体験の仕方をすることはあるものです。

彼女はとてもイライラし始めた。私は、彼女の両親と同様、私も彼女に不満を感じさせていることを伝えるとともに、彼女には、私が彼女を理解していないと感じられるのであろうと指摘した。

セッションの終了間際、彼女はひとりでここへ来たいが、そのことを交際相手の男性には伝えること

21　キリスト教会で、イエスの復活を記念して春分後の満月直後の日曜日に行う祭事。イースター（広辞苑）。

ができないと語った。私は、その中年の彼と一緒に来ることで、彼女が自分を子どもや赤ん坊のように感じるのではないかと伝えた。

治療者：私と一緒にいると自分が子どもであるかのように感じてしまうので、あなたは私と対等の関係を築き上げたいと思っているのですね。

患者：はい。でも、先生は母親ではありませんから。

（彼女はまだ泣いていた。）

11回目　X＋1年3月9日

（彼女は初めてひとりで来院した。）

（初めの10分間は沈黙であった。）

患者：セッションの後は元気になります。なぜ私が不満を感じていたのかが先生も私もわかったから。

私は彼女が性的な感情に対する私の解釈について話していると思った。

患者：先生が「もう時間です」とおっしゃると、私は甘えん坊の子どものように不機嫌になりました。

治療者：もっとずっと私と一緒にいたかったのですね。

患者：ええ。でも、先生と一緒にいたいのか、それともこの病院に留まりたいのか、自分でもよくわかりません。あぁ、バカバカしい。私、いつも子どもみたいに振る舞ってしまうんです。姉みたいに、私にもう少し性的魅力があればいいのになあ。姉のスタイルにいつも嫉妬しているんです。

彼女は、性的な事柄を隠しがちな傾向について話し始めた。彼女は11歳の時に初潮を迎えたが、そのことを長い間隠していた。[22] 医師の診察を受ける時も彼女は乳房を隠さなければならなかった。その医師は「もっと自信を持っていいですよ」と言った。

患者：どういうわけか、とにかく恥ずかしいんです。

治療者：きっと葛藤しておられるんでしょう。ある部分では子どもで、でも他の部分では大人として私に胸を見せたいと思っている。でも、私に対する性的な感情が恥ずかしいから、ここに来るとたちどころに言葉が出なくなってしまうのでしょう。
患者：はい。時々、先生のことを考えます。でも、先生は医者で、私はただの患者……。
治療者：私に対して性的な感情を抱くことはいけないことだと感じているのですね。
患者：いいえ、患者がそのように感じるのは自然なことです。先生は私を助けてくれるし、とても親切ですから。
治療者：そう、自然なことです。
患者：先生とお会いすると、心が揺さぶられるんです。
（沈黙）
治療者：そうやって甘えん坊の子どものように黙ってしまうんですね。でも、あなたが心を揺さぶられるのは、あなたの別の部分があなたの心を揺さぶることで子どものままでいることを止めようとしているからでしょう。かつて医者の前で乳房を隠したように、私にも隠しておきたいものがあるのでしょうね。
患者：はい……セックスは汚いことだと思います。
治療者：あなたは私に乳房を見せたいし、私のペニスも見たいと思っているのでしょう。しかし、セックスを汚いことだと思っているから、それを言えないのですね。
患者：でも、同年代の男の子に対しても同じように感じるのです。男の子といるとパニックになってしまって。年上の男性といるととても落ちつくんです。
治療者：年上の男性と一緒にいると、あなたは思い切り子どもになれるからでしょう。

22　第6回目のセッションでは13歳時となっている。

患者：なぜ同年代の男の子と一緒にいるとパニックになるのでしょうか？
治療者：私自身もあなたと同年代のひとりだと思います。あなたは大人として乳房を見せないといけないので、パニックになるのでしょう。
患者：あぁ、そうですね。
治療者：あなたは私のことを助けてくれる親だと思っていますね。同時に、性的に興奮させる恋人ともみなしている。だからとても葛藤していて、結局、甘えん坊の子どものように引きこもって黙りこくるしかないのでしょう。
患者：でもどうして私はこんなふうに？
母親の入院によって離れ離れになった時、従兄のペニスを見たかった時のことを思い出すように彼女に促した。
治療者：ペニスにはふたつの機能があると思います。ひとつは親として世話をする機能。もうひとつは恋人のように性的に興奮させる機能です。このふたつの機能を混同していることこそ、あなたの問題なのでしょう。
患者：おっしゃることは理解できます。でも、私はどうしてこんなふうに？　母が亡くなる前からこうでした。
同性愛傾向を心配し始めたのも母が亡くなる前でした。
治療者：お母さんの死とあなたの同性愛傾向とは関係がないと言いたいのですね。
患者：そうです。
治療者：でも、以前、あなたが赤ん坊のように母親を求めて泣いていたと言っておられたのを覚えています。ということは、お母さんが本当にお亡くなりになる前から、それがどんなものであるかを実は知っていたのでしょう。お母さんが実際に亡くなったことで、以前からあった気持ちが強まったのだと思います。

12回目　X＋1年3月16日

患者：ずっと調子がいいです。
患者：彼と別れようと思っています。母が亡くなってから、彼は母親のような存在でした。私は彼にあまりにもすがっていました。でも、そんな風にすがりつくのはよくないことだと思います。寂しい時に彼と一緒にいるのは容易なことです。でも、私が私であり続けるには成長しなきゃいけない。そう説明しましたが、彼はあまりわかってくれませんでした。彼を傷つけていることはわかっています。彼は素敵な人です。彼みたいに親切な人に会ったことがありません。でも、彼とは完全に別れようとしてるんです。あぁ、バカバカしい。私はいつも極端で。
患者：怖いんです。何かよくないことが起こって……。うーん、何が怖いのかうまく説明できないですけど。
患者：彼はとてもたくさんのものを私に与えてくれました。彼はお金で私を買っていたように感じていました。いや、こんな言い方はずるいですね。でも、彼に甘やかされていたと思います。
患者：成長するために彼と別れるのはいいことだと思いますか？
治療者：あなたが何を怖がっているのか、まだよくわかりません。
患者：私もです。私が私であり続けることがなぜ怖いのか、自分でもわかりません。でも私は私でなければならないんです。そう思い始めてから、ずっと母のことを考えていました。今になってやっとわかったんです、母がいなくて寂しかったんだと。
治療者：お母さんがいなくて寂しかったと気づいて、その上、お母さんの代理であるはずの彼とも別れようとしている。あなたがあなたであろうとすると、見放されたり、見捨てられたりするように感じるのですね。
患者：なぜ彼のことを母親のように見てしまうのでしょうか？
治療者：あなたと一緒にいる彼を、男性としてなぜ認められないのかという意味ですね。
患者：はい。できることならそうしたいのですが。彼のことを好きではないんだと思います。彼は私に何でも与えようとしますが、私は子どものように扱われたくないから、それを拒否してしまうんです。

治療者：でも、あなたが彼を母親として見ている限り、彼はあなたを子どものように扱わざるを得ないのではないでしょうか。
患者：彼はいつも母親というわけではありません。彼に対して性的な感情が湧き起こりますけど、性的なことだけはしていません。
治療者：彼が中に入ってくることをあなたが拒んでいるのではないですか？　彼のマスタベーションを手伝いますか？
患者：え、ええ、まぁ……こんなこと先生に言えません。
治療者：恥ずかしいのですね。
患者：はい……（沈黙）
治療者：多分、彼のペニスにキスして吸うこともしてますよね。
患者：ええ……。
治療者：お母さんの乳房で遊んだように彼のペニスでも遊んでいると言えるのでは？
（ペニスと乳房の混乱である。）
患者：いいえ。そんなふうに考えたことはありません。
治療者：彼のペニスが中に入ってくることは拒むけれども、赤ん坊のように彼のペニスで遊ぶことはするのでしょうね。
患者：はい……でも、そのことと私の抑うつ状態とは関係ありません。セックスするのは簡単なことです。他の男の子としたことはあるけど、彼とはしたことがないだけで。子どもはほしいですから。
治療者：彼との子どもはほしくないのですね。
患者：はい。
治療者：彼の前ではあなたが子どもだからでしょう。

患者：はい、おっしゃる通りです。彼と別れようとしていますけど、同時に彼にもっと近づきたいとも思っています。

治療者：それであなたは葛藤しているのでしょうね。もし彼に近づいてしまうと、彼は、あなたが好きではない圧倒的なまでに惹き付けるような母親になってしまう。どうやら彼の中にはふたりの母親がいるようですね。ひとりはあなたがすがりつきたくなるような良い母親、もうひとりはあなたが別れたくなる、そして時には殺してやりたいとさえ思うことがある悪い母親のふたりです。

　私がこうしたよい母親と悪い母親の説明をしている間、彼女は「私が母を殺したということなんですね」と言って泣き始めた。

患者：「君のお母さんは、ふたり目の子どもを産むべきではなかったんだ。君が生まれる前からお母さんは病気だったんだよ」ってみんなから言われました。だから、私が生まれたことで、私が母を殺してしまったんです（泣く）。

治療者：その罪の意識を償うために、お母さんを生き返らせる必要があるんですね。

患者：このことは私のうつ病とは関係ありません。母が死ぬなんて、母が本当に死んでしまうまで、考えてもみませんでした。母が亡くなる前に私のうつ病は始まったんです。

13回目　X＋1年3月23日

（彼女は45分間ほとんど沈黙したままであった。）

患者：心が空っぽです。何も話すことはありません。

（沈黙）

治療者：ずっと黙っているのは、先週話し合ったことを蒸し返したくないからでしょう。

患者：はい。苦痛でした。もう動転させないでください。泣いたんです、前回のセッションの後、怖くて。

治療者：私にいじめられていると感じたのですね。
患者：いいえ。先生が医者だということはわかっています。あぁ、家に帰りたい。
患者：子どものころには二度と戻りたくない。あぁ、何も思い浮かびません。
治療者：黙っているためにここに来たんですね。
患者：ここに戻って来たくはなかったんです。でも来てしまった。あぁ、バカみたい……。
患者：子ども時代のことは話したくないんです。
治療者：別のことを話したいのでしょう。今ここで起きていることではないですか？
患者：そんなこと話したくはありません。
患者：もうそろそろ終わる時間。
治療者：あと5分あります。私に対する何らかの感情から逃れるために帰りたいのでは？
患者：大丈夫です。先週のセッションで私は泣いてしまいました。先生に抱きしめてほしかったのに、そうはしてくれなかった。先生が医者だということはわかっています。今日は泣かないつもりで来ました。
治療者：母親みたいに私に抱きしめてほしいのですか？
患者：いいえ。
治療者：父親のように？
患者：いいえ。
治療者：医者のように？
患者：違います。
治療者：では、恋人として？
患者：そう。

14回目　X＋1年3月30日

患者：気分がいいです。（沈黙）
患者：話すことはありません。（沈黙）
治療者：黙っていると、どんな気持ちになるのですか？
患者：幸せな気持ちです。
治療者：お母さんの腕に抱かれておとなしくなっている赤ん坊のように、幸せな気持ちになっているでしょうね。
患者：そうではありません。先生に母親なんか感じていませんから。
治療者：では私をどう感じているのですか？
　彼女はどぎまぎしていたが、勇気を出して、私と性行為を行う場面を空想したことを語った。
患者：患者がそう感じるのは自然なことだと思います。先生は私を助けてくれているから。
治療者：これまで誰か他の人にも同じように感じたことはありますか？
患者：母のことですか？　きっと先生が言いそうなこと……。
　私は、母親に対する性的な感情というものが実際は何を意味しているか彼女に尋ねてみたが、彼女は、抑うつ状態の時に母親にどれほど腹を立てていたかを説明するだけだった。
患者：母に敵意を感じていました。私のことを全然わかってくれなかったから、激怒していたんです。暴力を振るって痛めつけてやりたかった。
　彼女はどれほど怒っていたかの説明を続けた。そこで私は、母親への性的な感情がどのようなものなのかについて再び尋ねてみた。
患者：母が私に触れた時、性的な興奮を覚えました。だから母がいなくなると怒りを覚えたんです。母が私を性的に興奮させたから、私は母に対して怒ったんです。でも、怒っていたのは自分じゃないように感じました。私の身体が自分のものでないように感じた。

治療者：あなたはお母さんに2種類の感情を抱いていますね。ひとつは敵意。もうひとつは性的な感情。でも、お母さんを暴力で痛めつけてしまったら、あなたは性的な刺激を受けることができなくなるから、母親に対するふたつの欲望を同時に満たすことができなかったのでしょう。それで引きこもって、抑うつ的にならざるを得なかったのでしょう。

　彼女は深く納得した。いかに自分の中に怪物がいるように感じているかについて彼女は語り続けた。それはすなわち、怒って興奮しているモンスター[23]だった。

　そして私たちは、私に対する感情の話に戻った。

治療者：性的に興奮しているのは、あなたの中のモンスターだと感じるのですか？

患者：いいえ、興奮しているのは私自身です。私の身体です。

　私は、性的な興奮と同時に怒りを覚えるのではないかと示唆したが、彼女は否定した。

患者：来週、先生に会わなくていいのでホッとします。

15回目　X＋1年4月20日

（復活祭の休暇明け）

　着席するや否や、彼女は「ひとつ質問があります」と言った。私は「どうぞ」と答えた。

患者：先生が従兄についておっしゃったことをずっと考えているんです。先生は彼のことを、私の両親の代理であるとおっしゃいましたが、その当時のことを思い出そうとしました。母親がいなくて寂しいという気持ちはありませんでした。私は母親がひどい病気だとは知らされていませんでした。叔父宅で一緒に過ごした姉のことさえ覚えていないんです。本当のことを言うと、従兄は私にとって最も大切な人でした。

患者：前にこの話をした時、先生は彼が私の両親の代理になったとおっしゃいました。私は違うと言いました。

でも今は、先生が正しかったんだと思います。でもそう思うのは、先生がそういうことを私に吹き込んだからではないかとも思うんです。

治療者：彼があなたにとってただ親のような存在だったとは言っていませんよ。彼は多くの役割を果たしていたと思います。他の多くの役割と同様に親のような役割も果たしていたのではないかと言ったんです。だから、時には確かに親だったのかもしれません。

患者：はい。彼は私の面倒を見てくれました。彼のことを考えると、とても幸せな気持ちになります。先生に会えない間、彼のことを考えて幸せな気持ちになっていました。

治療者：両親がいなくて寂しい時、あなたはその従兄を親のように感じていた。今度は私に会えずに寂しいと、やはりその従兄のことを考えていた。きっとあなたは私に会えなかった間、空想の中でその従兄のことを私の代理としてみなしていたのでしょうね。

患者：（笑いながら）ええ、きっとそうだと思います。この2週間、先生を夢想することはありませんでした。でも、今まで診てもらってきた他のたくさんのお医者さんについて思い出していました。その多くの医者が先生の代理だったのかもしれません。

患者：先生がおっしゃったことを考え続けました。先生は、父に叩かれた時、私が興奮していたのではないかとおっしゃいましたが、それには同意できません。私は父が嫌いでしたから。父から何かもらうと、いつも困っていました。クリスマスや復活祭のプレゼントだったらいいんです。でもそうでない場合は欲しくなかったんです。今でさえ、父がお金をくれようとしても受け取れません。

治療者：お父さんからのプレゼントとして、あなたはお金が欲しかったわけではないのですね。お父さんがくれなかった別の何かがほしかったのでしょう。それは何でしょう？

23　原文は、angry and excited monster.

患者：愛情です。父は感情を露《あらわ》にする人ではありませんでした。私は父に抱きしめてほしかった。父の腕の中にいたかった。でも、そんなことをしてくれる父ではありませんでした。父は少しシャイな人だったので、あまり感情を表に出すことはなかったんです。

治療者：どんな気持ちをお父さんに期待していたのですか？

患者：先生が何を言おうとしているかはわかりますよ（くすくす笑う）。性的なものでは決してありません。親としてただ、抱きしめてほしかっただけです。父が嫌いだったって言ったじゃないですか（沈黙）。父を身近に感じたのは男の子と交際するようになってからです。初めてボーイフレンドができた時、母から遠ざかったように感じました。あぁ、この初めてのボーイフレンドは私の父と同じ名前でした（笑い出す）。いいえ、違いますよ、先生が何を考えているかはわかります。でも何も関係ないですよ。そのボーイフレンドを父の代理として見ていたとは思いません。

治療者：そのボーイフレンドが初めて性的なことをした相手だったのですか？

患者：いいえ。その彼とは実際に性的なことはしませんでした。実際に性的関係があったかのように話しましたけど、私の中へ入って来させませんでした。でも、彼をとても愛していたから、彼の赤ちゃんをたくさん産みたいと思いました。彼はとても素敵な人でした。（彼との間でどれほど美しい体験をしたか、彼女は私に語り始めた。）

患者：彼が私に触れたとき、従兄のことを思い出しました。ああ、素敵だったわ。彼は私に、心の中で自分が美しいと感じさせてくれたんです。みんなから愛されているように感じました。

治療者：それ以降、お父さんを身近に感じ始めたのですね。お父さんに愛されるにふさわしいほど、自分を美しいと感じたのでしょう。

患者：それについてははっきりわかりません。でも、とにかく素晴らしい体験でした。みんなとこの体験を共有したいと思いました。

治療者：私とも共有したいのでしょうね。
患者：そうおっしゃるだろうと思っていましたが、いえ、いえ、そうは思いませんよ。
（微笑む）
（セッションの間中、彼女はよく話し、とても幸せそうに見えた。）

C医師のスーパーヴィジョンでのコメント：セックスはふたりの間で暖かい関係を持つことである。

16回目　X＋1年4月27日

患者：先週の土曜に父に会いに行った時にどんな気持ちになったか話してもいいですか？　父に会うといつもは怒りを覚えるんですけど、今回は非常に幸せな気分でした。先生が何をおっしゃろうとしているかわかっていますけど、私が感じたことはそういうことではありませんよ。父を身近に感じましたが、性的なものではなかったです。

彼女は父親に会いに行った。実際のところ、彼女は父親と再会して興奮した様子であった。その理由を彼女自身、わかりかねているようであった。父親に会った際、生前の母親の病状がどれほど深刻なものであったかを尋ねてみた。父親は彼女に、母親のことをとても穏やかにしっかりと語ってくれた。父親は病院に母親を見舞った時のことを覚えていて、母親を病院でひとりにさせたくないから、毎日でも会いに来たいと思ったそうだ。その話を父親から聞いて、彼女は「私のほうはどうなの？」と考えてしまった。

患者：嫉妬していたかどうかははっきりしません。母が父を呼び戻そうとしたのを見て、父を呼び戻したかったのは私の方だと思いました。私は父と母の間に割って入っていたんだと思います。私たちはとても早口でしゃべっていたので、すぐに内容を忘れてしまいました。でも今考えると、私は父と母に嫉妬していたのかもしれません。でも、間違いなく言えることは、私は5歳の時には嫉妬を感じなかったということです。前にも言った通り、私は幸せな子どもだったんです。

その後、彼女は土曜日に起こった出来事について再び話し始めた。父親は彼女と食事に出かけ、泊まっていくように勧めた。彼女はそれがとてもうれしく、そして今や自分が母親の立場にいるのだということに気がついた。

（そして、彼女は顔を上げて、またしても「先生が何をおっしゃろうとしているかわかりますよ」と言うので、私が何を言おうとしていると思っているかを彼女に尋ねてみた。）

患者：先生は私の父への思いを性的な感情に結びつけようとしているんだと思います。
治療者：お父さんへの性的な感情という言葉でもって、私が何を意味しているとあなたは思うのですか？
患者：父と性的関係を持ちたいという意味ではないのですか。
治療者：いつも言っているように、セックスという言葉はあらゆる種類の人間関係を意味するものですよ。ただ単にいわゆるセックスをするというだけではありません。でも、あなたはセックスという言葉の意味について、とても神経質になっておられるようですね。あなたが先ほど言ったように、何か不合理なことを考えると、私たちの心は時として分裂してしまうのです。あなたの心のある部分は話の流れから性的な要素を排除しようとしているけれど、きっとセックスに強い関心を持っている別の部分もあなたの心の中にあるでしょう。
患者：はい。先生のおっしゃる通りだと思います。私はセックスにこだわり過ぎているのに違いありません。でも、私が言いたいのは、私自身のことを父にわかってもらいたかったということです。父からの愛情がほしかったの。全く性的なものじゃないです。父に注目してもらいたかったんです。
治療者：まだよくわからないのですが、なぜお父さんに腹を立てていたのでしょう？
患者：それならわかっています。母が亡くなった後、父は毎晩のようにお酒を飲むようになったんです。

彼女は自分が嫌っていた父親の新しい恋人について話し始めた。父親はその女性と一緒にお酒を飲み、夜を共にするようになった。情事の睦言が聞こえてくると、彼女はむせび泣き、そしてふたりに怒りを覚えるのだった。

患者：ふたりにはとても腹が立ちました。多分、嫉妬を感じていたんだと思います。だから私は家を出ました。でも、父は私を追っては来なかったんです。

治療者：お父さんはあなたが嫌いだった女性の方を追い求めていたのでしょうね。

患者：はい。

治療者：きっとあなたは、自分が求めていたお母さんの立場をその女性に盗られてしまったので怒っていたのでしょう。

患者：そうかも知れません。私が父に腹を立てたのは、父が人間臭いただのオトコだった[24]ということに気づかされたからだと思います。それまでの私は、ずっと父のことをかいかぶっていたんです[25]。

私は、先週の土曜日に父親と過ごしてなぜ幸せな気分になったか、もう一度聞かせてほしいと促した。

患者：父を身近に感じたからです。

治療者：おそらくあなたは、お母さんの立場に立つことであなた自身のことをお父さんにわかってもらえたと感じたのでしょう。

患者：ええ、きっとその通りだと思います。

セッションの終わりに差しかかっていた。私は、この回の彼女は思ったままを自由に語っているようだと指摘した。実際、復活祭以後の彼女はよく話すようになった。

24　原文は、my father was human.
25　原文は、put him on a pedestal.

患者：たぶん先生のことを封印しているからだと思います。もし先生のことを性的な対象として考えていたら、ここまで自由に話せなかったでしょう。先生に会えなかった間、性的な対象として空想しなかったから、今こんなに自由に話せるんです。
治療者：2週間、またお会いできませんね。

17回目　X＋1年5月18日

（彼女は20分遅れてやってきた）
患者：元気です。（嬉しそう）。休暇中はとても楽しく過ごせました。
患者：今日は話したくありません。
治療者：どうしてですか？
患者：（沈黙）わかりません。
治療者：話したくないのは、何か話すと、私からがっかりさせられるかもしれないと心配しているからでしょう。
患者：多分そうだと思います。
休暇中、どれほど調子がよかったかについて彼女は説明した。
患者：イングランドに戻ってきたくなかったんです。
休暇中、彼女はドイツに行き、姉と2週間一緒に過ごした。
そして彼女は、姉についてどのように感じたかを話し始めた。
患者：姉はとても上品だった。いつも姉のようになれたらいいのにって思います。姉みたいになれたら素敵だなって。姉は細身で背が高く、魅力的で知性に溢れていて……。多くの点で私と全然違う。だから私はいつも姉に嫉妬していました。でも、ある程度までは姉に嫉妬を感じたとは言え、今回は、だからと言ってそれで落ち込んだり、神経質になったりはしませんでした。姉と一緒に過ごせてとても楽しかったんです。

彼女は嫉妬していたにもかかわらず、どれほど楽しかったかを語った。私には、彼女が姉に対してとても素直でいられたと感じたことを語っていたように見えた。

それから彼女は、姉の知人のある男性に会った時に感じたことを話し始めた。彼女がその男性に初めて会ったとき、彼女は十分に自信がもてなかった。男性はただ単にどこから来たのかを尋ねただけなのに、彼女は気がついたら姉の方に振り返って助けを求めているのだった。そうすべきでないと意を決したが、その挙句、彼女は赤面してしまった。

患者：自信のなさですね。初対面の人とはいつも話しづらい方ですから。

そして、ドイツで出会ったその男性に何かおかしなことを言ってしまうのではないかと心配だったことを語った。

患者：私の言うことがバカバカしく聞こえるんじゃないかと心配でした。

（私は、彼女がしばしば「何て、バカでしょう」とか「あぁ、バカバカしい」とこぼすことを指摘した。）

治療者：きっと私やその男性から笑われたり、見下されたりするのが心配なのでしょう。

患者：いいえ、相手が医者の時は違います。母がよく、「医者っていうのは人間ではないから、服を脱ぐ時に恥ずかしがる必要はないわよ」と言ってました。先生も違います。だから先生から笑われたり見下されたりしても平気です。

患者：あぁ、実を言うと、私がドイツで会った男性は歯科医でした。そうだ、その男性に会って、C医師から「セックスについてこだわっている」と言われたことを思い出しました。C医師と、同じ部屋にいた先生たちに私は怒りを感じました。自分がちっぽけな存在のように感じたものですから。C医師がおっしゃったことは受けいれられませんでした。でも今は、彼の言ったことは正しいのかもしれないと思います。

治療者：どういうことでしょうか？

患者：自分がいつも愛されていたいんです。愛する相手がいつも必要なんです。

治療者：ということは、あなたは愛情にこだわっているということでしょうか。[26]

患者：多分そうですね。

（セッションが20分延びてしまった。）

18回目　X＋1年5月25日

（20分の遅刻）

治療者：11時ちょうどに終わらせないといけません。

患者：わかりました。（沈黙）

患者：元気です。

（3分間の沈黙）

治療者：今日はとても静かですね。今まではよく話されていたのに。どうして今日はそんなに静かなんだと思いますか？

患者：先生を引き留めるつもりなんかありません。11時に終わらないといけないことはわかっていますよ。そんなことわざわざ言わなくてもいいのに（怒っている）。

治療者：そう言われた時、どう感じたのですか？

患者：先生は、私がセッションの時間を引き延ばそうとしていると思っているんだなと。

患者：（笑いながら）何を話してもいいんですよね？

一転して彼女はとても饒舌になった。その後の彼女の話は、主に彼女の初めての性的関係についてだった。彼女は21歳の時、米国人のボーイフレンドと初めて性交渉をもった。

患者：彼のこと、好きじゃなかったんです。それでもどうしてそんなことをしたのか、自分でもわかりません。

彼女は、母親には内緒で彼と一夜を共にした。しかし、彼女はセックスを楽しむことができなかった。その米国人の男性に対しては何も感じなかったからである。彼女は、母親がなんと言うか心配だった。翌日、帰宅した彼女は、結局、どこにいたかを母親に打ち明けた。彼女の母親はことの次第を察し、とても悲しそうな顔を見せたが、母親は彼女に何も言わなかった。その時が、彼女が再び抑うつ状態になった時であった。

患者：何であんなことをしたのか……。彼のこと、好きじゃなかったのに。

治療者：「抑うつ状態になると寂しい」と言っていましたね。あなたを抱きしめてくれたり、寄り添ってくれたりする誰かを求めていたのでしょうね。

患者：そうだと思います。愛する相手がほしかった。彼に会いたいと思ったとき、私は家にいました。そして、彼に会いに行きました。でも彼と一緒にいても、何も感じなかったんです。私はただゾンビのようにそこに行っただけでした。

患者：両親に居場所を教えず外泊したことで、おとなになったと感じました。

治療者：きっとお母さんから自立できたのですね。その時あなたは彼を求め、ご両親を捨てたんでしょう。しかし、あなたは葛藤していたのですね。あなたの一方の部分は彼と一緒にいたくて、もう一方のあなたの部分は家に留まりたかった。ちょうどあなたの体は彼に抱きしめられたくて、でもあなたの心はお母さんを心配していたように。

患者：そうだと思います。あっ、時間ですね。

26　原文は、obsess.

19回目　X＋1年6月8日

彼女は土曜日に起こったことを話し始めた。彼女が父親のところに行った際、父親はとてもやさしかった。[27]父親は彼女のために服を買ってくれようとしたが彼女はそれを拒否したのだった。

患者：誰かにものを買ってもらうといつもとても腹が立つんです。

治療者：男性から？　それとも女性から？

患者：特に男性です。

それから彼女は父親と一緒に何をしたかについて話し続けた。彼女はなぜ怒りを感じるのかについて説明を加えた。普段はただ不機嫌になるだけだったが、今回は「お父さんに会いに来たのであって、ものを買ってもらうために来た訳じゃない」と父親に訴えた。

父親は彼女の言葉を理解したようで、その後はとてもよい時間を過ごした。

患者：なぜ父からのプレゼントを受け取れないか、自分でもわからないんです。

治療者：きっと子どもの頃からそうだったのでしょう。

患者：父親嫌いになった12～13歳の頃からそうでした。

治療者：プレゼントの代わりにほしいものがあるのでしょう。お父さんから何をもらいたいのだと思いますか？

患者：愛情とか優しさだと思います。

治療者：お父さんは優しくて穏やかだった。あなたに精神的な優しさを与えてくれた。でも先週の土曜日には、精神的な優しさの代わりにものをくれようとしたからあなたは嫌な気持ちになった。13歳の時からお父さんが嫌だと感じるようになったと言いましたね。きっとその時、お父さんとの性別の違いを意識するようになったのでしょう。

治療者：あなたは精神的な優しさだけではなくて、身体面での優しさも求めていたのだと思います。それはおそらくお父さんのペニスだったのでしょう。
（彼女は笑い出す）
患者：先生は、私が父と性的なことをして、私の中にペニスをいれてほしかったとおっしゃるのですね。全然違いますよ。
治療者：今あなたがお父さんとセックスをしたがっているなどとは言っていないですよ。ペニスは象徴的にあなたのお父さんの男性的な愛を表すもので、体を抱き寄せたり、取っ組みあったり、遊びながら体が触れ合ったりするという意味ですよ。
患者：あぁ、そういうことならその通りだと思います。父はとてもハンサムでした。今でも十分魅力的です。父に抱きしめてもらいたい。

彼女は自分がどれほど両親に嫉妬していたかをとても明るく語った。

治療者：お父さんのペニスはあなたのお母さんのためのものであって、あなたのものではなかった。今ではお父さんの新しい恋人のものになってしまっている。お父さんがものを買ってくれようとすると、あなたは子ども扱いされているように感じるのでしょう。お父さんからのプレゼントをあなたが受け取れないのは、お父さんのペニスを手にいれてもいいと思うくらい、自分が十分に成長したと感じているからでしょう。
患者：そうです、そうだと思います。私は、ペニスを獲得しつつあります。
（彼女は微笑んだ）

セッションの最後に、私たちは、私との治療が終わった後に彼女がどうすべきかについて話し合った。私は集団精神療法に参加してみてもいいのではないかとそれとなく言ったところ、彼女は「怖いです。でも、考えてみます」と語った。

27　4月にも父親に会いに行っている。

20回目　X＋1年6月15日

患者：先週、父について先生がおっしゃったことに質問してもいいですか？

治療者：どうぞ。

患者：父のペニスを求めているとはどういう意味だったのでしょうか？　先生は父と性交渉を持ちたいという意味ではないとおっしゃいましたよね。

治療者：あなたは私がそういう意味で言ったと思っているのですか？

患者：いいえ、違います（顔を赤らめる）……。おわかりでしょう、私は父に対して怒りを感じていたこと。でも最近は父と一緒にいると楽しいんです。セックスとしてではなく、ただ父に抱きとめてもらいたいだけなんです。でも……父と一緒にいると性的な興奮を覚えるんです。いや、私はただ性的な魅力に自信があって、そして自分が女性的だと感じているだけです。

患者：そう、小さい頃から父に自分のことをわかってもらいたいと思っていました。私はいつも父が私より賢い姉の方を気に入っているように感じていました。姉は私よりはるかに賢かったですから。

治療者：お父さんにどんなところをわかってほしかったんですか？

患者：私がバカじゃないってことです。

治療者：わかってもらいたかったのはそれだけですか？

患者：いいえ。ひとりの女であるということもわかってもらいたかった。まわりからいつも子ども扱いされていましたから。今でも、父は私を子ども扱いします。義兄も姉も、子どもっぽいと言って私をバカにするんです。

治療者：それであなたは、父親と性交渉を持つのにふさわしいくらい自分が性的な魅力にあふれた女性で、自信があるんだということをわかってもらいたかったのですね。

患者：えぇっ？（驚いているようだった）

治療者：あなたがお父さんとセックスしたがっていたと言っている訳ではありません。そうするのに十分なほどだったということをわかってもらいたかったと言っているんです。

患者：そう、そうですね。先生がおっしゃることはわかります。

それから彼女は、先週のセッション直後に思い出したことを話してくれた。それは彼女が赤ん坊か、よちよち歩きの頃に起こった話だった。それが夢だったのか、実際の出来事だったのか、私には定かではなかった。

彼女は暗い部屋にひとりぼっちで放っておかれていた。ドアを見ると1枚の絵がかかっていて、たくさんの人が描かれていた。彼女は恐ろしくて叫んでしまった。すると彼女は誰かに抱き上げられたのだった。

患者：その絵の人はみんな裸だったんです。

治療者：裸だった。

患者：先生が何を考えておられるかわかりますよ。

治療者：何を思いついたのですか？

患者：両親のセックス。

患者：多分。

患者：抑うつ状態になるとドアを閉め切ってしまうのです。

患者：その声を聞きたくなくて。たぶん、そのことと関係あると思います。

治療者：レズビアンという言葉で何を意味しようとしているのですか？

患者：父よりも母のところに行く方が簡単でしたから。

21回目　X＋1年6月22日

患者：気分はいいです。でも、先週みじめな気分になりました。自分で自分をかわいそうだと思いました。ひとりになって泣きたかった。泣けば気持ちがすっきりするんです。どうしてみじめな気持ちになるのかはわかっています。今は調子いいんです。
治療者：どうしてご自分をみじめだと感じるのだと思いますか？
患者：知りたいですか？

　彼女は起こったことについて語り始めた。彼女は仕事中にみじめな気持ちになったのだった。一緒に働いている若い男性が「みじめそうな顔をしているけど、何かあったの？」と彼女に言ってきた。ひとりにしてほしかったのに、周りのみんなは彼女を慰めようとしてあれこれ話しかけてきた。にもかかわらず、彼女はとてもみじめな気持ちだった。周りのみんなのせいでみじめなままでいることができなくなったので、彼女は「もう大丈夫」と言わざるを得なかったのである。

患者：でも、今は本当に大丈夫なんです。
治療者：今日も実はみじめな気持ちなのに、私のせいでみじめなままではいられないと感じるのですね。
患者：いいえ、そんなことはないです。ひとりで泣くことができたから大丈夫です。
治療者：どうしてみじめな気持ちになったのか、まだはっきりしないのですが、私との精神療法に何か関係があるだろうか？
患者：はい、先生と関係があるんです。みじめな気持ちの時は誰かに抱きしめてもらいたくなりました。声をかけてきたその同僚男性に「誰かに抱きしめてほしいけど、あなたでは嫌です」と言ったら、みんな吹き出していました。それで自分がかわいそうになったんです。その時、先生のことを考えていました。それで、自分は先生に抱いてもらいたかったんだと気づいたんです。

　そして彼女は、私に対する転移の変遷を簡単に語ってくれた。最初は私とセックスする[28]ことを望んだ。

そして今度は、私を憎み始めた。その後、自分の心の中から私を閉め出そうとして、心を痛めた。それで先週、自分自身をかわいそうだと感じた。家で泣いたら、その後、彼女は気分がよくなったのだという。

　私は、彼女がみじめだと感じるのは、私が彼女との治療を終結させようとしているからではないかと彼女に伝えた。

患者：いいえ、違います。そのことについては納得しています。先生は医師で、私はただの患者。先生にしがみつくわけにはいきませんから。

患者：みじめだと感じるのは、性的に欲求不満だからかもしれません。ここでの治療が始まってから、私は一度もセックスをしていません。相手を愛していなくてもセックスできる女性たちが羨ましい。自分もそうなれたらいいのに。でも、愛していない男性とセックスするなんて、私にはできません。セックスする前に愛さなければならないと思うんです。

治療者：あなたはセックスできない相手をいつも愛してしまう。

患者：どういうことですか？

治療者：抑うつ状態だった時、あなたはお母さんとセックスしたかったのでしょう。お父さんと一緒にいるとお父さんに性的魅力を感じていた。今は私とそうなりたいと思っている。あなたはいつも、セックスできない相手を愛してしまう。

患者：先生といると安心できるからです。

治療者：私とセックスすることで、どのような体験ができると期待しているのですか？

患者：わたしはただ自分自身を忘れてしまいたいんです。

28　原文は、make love.（have sex と同様「セックスをする」と訳す）

治療者：それは、私からのみならず、お母さんの乳房やお父さんのペニスから得たかった体験なんですね。
患者：そうです。先生のおっしゃる通りだと思います。
治療者：お母さんを亡くした時、性的にお母さんを求めていたあなたは抑うつ状態になった。私との治療が終わろうとしている今、今度は性的に私を求め、みじめに感じてしまった。
患者：（彼女は困惑していたが、やがて落ち着きを取り戻した。）

ここでの治療が終わった後、私たちに何ができるかを話し合うために9月に何度か会うことができる旨、私は彼女に伝えた。

患者：やっぱり私は集団精神療法に参加すべきなんだと思います。

22回目　X＋1年6月29日

患者：元気です。ここのところずっと元気でした。（沈黙）
患者：夏が終われば先生が帰国されるということは受けいれています。先生の帰国が近づいていることはわかっているんです。私自身をかわいそうだとはもう思っていません。大丈夫です。
患者：でも、母との死別は実際に母が亡くなった時には受けいれられませんでした。なぜ受けいれられなかったのかわかりませんが。でも、先生がいなくなることは受けいれています。

彼女は私の帰国と母親との死別を交互に語った。

患者：今となっては母の死を認めています（彼女は笑っていた）。
患者：ひとつお尋ねしてもいいですか？
治療者：どうぞ。
患者：先生は今でも私が集団精神療法に参加すべきだと思っていますか？
治療者：どうしてそんなことを考えるのですか？

患者：わかりません。もし先生がその方がいいとおっしゃるなら、そうするつもりです。でも少し怖いんです。
治療者：何が怖いんですか？
患者：そうですね……何が起こるかわからないのが怖いんです。怒鳴られるかもって。
　彼女は友だちから吹き込まれたという集団精神療法での怖い話をいくつか語ってくれた。参加している患者の多くは精神病だから、攻撃されるかもしれないと。
　私は、彼女に大丈夫であることを改めて伝えた。すなわち、彼女が参加するのは似たような問題を抱えている外来患者の集団精神療法であり、週一回の頻度であることを私は伝えた。
患者：いずれにしても、この件に関しては9月にもう一度話し合えますよね。
患者：初めてここに来る時でさえ怖かった。何が起こるかわからなかったから。先生から電気ショックをかけられるんじゃないかって思っていました。
患者：先生たちお医者さんはみんな、何が起こっているかを絶対に教えてくれませんから。母が亡くなった時、私は担当医に腹を立てました。
患者：私は担当医に母はもうダメなんですかと尋ねましたが、何も答えてくれなかった。私をバカにしていたんです。医師たちは母をまるでモルモットのように扱ったんです。
患者：お医者さんたちは優秀な人たちだって知っていますよ。でも、そう思う反面、彼らを愚劣だとも思います。こんなこと、言ってはいけないとわかっていますけど。
患者：母は決して医者を信じていませんでしたから、医者の処方した薬は全くのみませんでした。だからと言って、母を責めることはできません。お医者さんは私たちが知らないことまで何もかも知っていますから。
治療者：あなたは医者たちからバカな子どものように扱われたと感じたのですね。それはきっと、あなたが子どもの頃、まわりの大人があなたをバカな子どものように扱った時に感じた気持ちなのでしょうね。大人は何でも知っているのに、あなたが答えを求めても何ひとつ答えてくれなかった。

このことから彼女は、自分の両親に対する態度を思い出した。母親が自分のことをバカだと思っているかどうかについて、彼女は母親に思い切って尋ねてみるということができなかった。というのも、母親や校長先生が彼女を養護学校に送り込んでしまうのではないかと恐れていたからだった。一方、彼女は父親が自分をバカだと思っていることは知っていたので、父親に自分を好きかどうかを尋ねることができなかったのである。

治療者：あなたは、自分が知らないと思うことを何でも知っていると考え、医者だけでなくて両親からもバカだと思われていると感じたのですね。

患者：はい……。

23回目　X＋1年7月6日

患者：元気です。ここのところずっと元気でした。ひとつお尋ねしてもいいですか？　精神療法って、何なんでしょう。精神療法と医師による通常の診察との違いって何なんでしょうか？　これまで先生からは多くのことを学んできましたけど。

治療者：あなたは精神療法とはどんなものだと思いますか？

患者：わかりません。先生からは、いくつかのことを学びました。例えば、父親のことは今までよりも理解しています。以前は父親嫌いでしたけど。父親に新しい恋人ができたことで、私は腹を立てました。ものを買い与えようとする父親に閉口したこともありました。でも今は、父のことを、良くも悪くもただの人間なんだと思っています。私が父を受けいれているように、父も私を受けいれてくれています。

彼女はこれまでのセッションで父親について話し合ってきたことをまとめようとした。

患者：父のことをこれまでより身近に感じます。

それから彼女は、若い男性とセックスをすることの困難さについて話し続けた。彼女は20歳の時以降、セックスをしていなかった。親のような存在の中年男性と交際してはいたが、未だにセックスはなかった。今はその彼に頼らずに生きていけると感じている。しかし、彼の方は彼女に訪れた変化のあり方が気に入っていないらしい。それで今は、彼女はここにひとりで来ているのである。彼には悪いとは思うが、彼女は自分が正しいことをしていると感じているのだった。

患者：以前は彼とセックスしたいとは思いませんでした。それを彼が受けいれてくれたことには感謝しています。今は彼とセックスしてみたいとも思います。でも、彼はもう私には興味がなさそう。彼にとって私はずっと子どもだったんです。彼は私のためなら何でもしてくれました。でも私はこれ以上、子どもでいたくはないんです。彼は気に入らないだろうけど、私は大人になろうとしているんです。

そして、彼女は再び若い男性とセックスをすることの困難さの話に戻った。

彼女は若い男性とのある出会いについて話し始めた。その男性とは1年前に出会ったのだが、とてもシャイでもの静かな人だった。ところが、その後ベッドを共にした時、彼は豹変してしまい、とても暴力的になったのである。彼女は彼が自分にもそのように振る舞うことを期待していたのだと思った。そして、彼を拒絶してしまった。

患者：セックスのために近づいてくる男性が相手だと、したいとは思わないんです。どういうわけだか、私はセックスに及ぶ前にお互いに愛し合ってないといけないと思います。こんな考え方は本当は好きじゃないけど、そう思わずにはいられないんです。自分がどんな男性とでもセックスできる女の子だったらいいのにって思います。多分、私はふさわしい男性のために未だに自分をとっておこうとしているんだと思います。[29]

治療者：あなたが自分をとっておこうと思っている男性とは誰ですか？　セックスを望まず、ただあなたを愛してくれる男性とは誰なんでしょう？　あなたが一番愛している人は？

29　原文は、I'm still saving myself for a right man.

患者：父です。

治療者：おそらく、あなたは自分自身をお父さんのためにとっておいたんですね。

彼女はその理解を十分に納得した。

患者：私の最初のボーイフレンドは父と同じ名前でした。その人と一緒だととても安心できました。私を抱きしめてくれた。性的な関係はありましたけれど、とても美しい関係でした。

24回目　X＋1年7月13日

患者：父について話してもいいですか？　私がある種の父親像を探していたって先生はおっしゃいましたけど、私は父親嫌いだったんですよ。

彼女は自分がいかに父親嫌いであったかを強調した。彼女の姉が母親に似ていたので、父親は姉の方をかわいがった。彼女も父親からたくさんの愛情を期待していたが、決して満たされることはなかった。父親のところに近づくといつも、父親はどこかに行ってしまった。それで彼女は父親嫌いになったのである。

患者：男の子たちとセックスするのが難しいことと父親とは関係ないと思います。

治療者：でもあなたは、それが生い立ちのせいだとおっしゃいました。

患者：はい。関係あるのは母の方なんです。母はまだ私の心の中で生きています。姉は男性とうまくやっていました。母が姉にセックスについて説明していると、姉は「もう知ってるわ」とだけ言いました。姉は母親を怖がらせたものです。でも私はセックスのことを何も知らなかった。きっと避けていたのかもしれません。

治療者：心の中のお母さんを怖がらせたくなくて、男性とのセックスを避けてきたかもしれませんね。

この解釈に動かされたのか、彼女は別れたばかりの中年男性について話し始めた。

患者：悪かったと思っています。彼はとても素晴らしい人でした。でも私が成長していることをわかってくれなかった。彼は優し過ぎて私を子ども扱いしました。私もそのように扱われることを望んでいました。彼を母のように思っていたんです。でも今は、私は変わらないといけないと思うんです。私には母親ではなく男性が必要なんです。でも彼は、私が説明しようとしても耳を傾けてはくれませんでした。もう誰にもすがりつきたくはないんです。彼に対して、私のために何でもしてほしいとは思っていなかったんです。

治療者：彼に頼らずに生きて行かなければと思っていたのですね。

患者：はい。でも彼はわかってくれなかった。彼はひどい女だと感じたんでしょう。だから彼と別れました。もう彼と寄りを戻すことはないと思います。

彼との性的な関係の詳細を知るために、彼女が彼のペニスをどのように扱ったのか具体的に尋ねてみた。

患者：（困惑した様子で）キスして、吸って……楽しかったです。彼のペニスを私の口に含みました。

治療者：性器に挿入するのではなく、実際のところ、彼のペニスを乳房のように扱った。

患者：はい。でも今は欲求不満を感じます。男性が必要なんです。私を抱きしめてくれる男性がほしい。

治療者：あなたの性器に入ってくるペニスがほしいのでしょうね。

患者：そうですね。私をひとりの女として扱ってくれる男性がほしいんです。誰か適当にハントしてくることは簡単ですけど、そんなことはしたくありません。誰にもすがりたくないので、ひとりでなんとかやってみたいんです。

治療者：あなたがそこまで欲求不満を感じる理由は、あなたがそれまで頼りにしていた3人を失いつつあるからだと思います。ひとりはずっとお母さんの代理だったDさん。もうひとりはいわばあなたの内的なお母さんで、あなたはそれに頼らずに生きようとしている。そしてそれに加えて、私との関係も失わざるを得なくなっているわけですね。

患者：そうです。その通り……。

25回目　X＋1年7月20日[30]

集団精神療法への不安。

彼女がどう感じているかを知らない医者への怒り。母親の死との関連で。

6週間の休みは痛みが伴う。彼女は私に対して怒っている。

26回目　X＋1年8月31日

（とても簡潔に記す。）

彼女はセッション中ずっと怒っていた。

1「ずっと元気でした。」

2「病院が私とともにいてくれる感じがして安心できます。」

3「すべての医者に怒りを感じました。」

彼女は母親の治療を担当していた医師たち、そしてC医師への批判を続けた。私は夏季休暇と私の帰国についての彼女の気持ちを解釈したが、彼女はそれを受けいれなかった。彼女は怒っていた。私は自分にフラストレーションを感じていた。

4「先生と会えなくなるのが寂しい。」

私はそれが、彼女の母親が亡くなり、彼女の抑うつ状態が始まった時に彼女に起こったことと似ていると示唆した。しかし彼女は、母親が亡くなる前から抑うつ状態だったことを理由に、その解釈を否定した。私はもうひと押しして、彼女の母親の死と関連した抑うつ状態という観点から私の定式化を伝えた。すると彼女は、「いいえ、絶対に違います」と答えた。最後には彼女は困惑していた。そして最終的には「私のうつ病は母とはまったく関係ありません。私が抑うつ状態になると、私はボーイフレンド[31]

のように見えたようです。抑うつ状態の時に鏡を見ると、そこに映っているのはいつも彼でした」と彼女は語った。私はとても驚いたのでそれを伝えると彼女は、「いやいや、違いますよ。男になりたくないんです。私は正常でしょ。ただ、前のボーイフレンドのように見えるように感じて、恐ろしくなったんです。」

27回目　X＋1年9月7日

患者：元気です。（最近の彼女はそう言い続けていた。）
治療者：あなたはきっと、「元気だ」と言うことで他の考えが心の中に湧き起こるのを防ごうとしておられるのでしょうね。
患者：多分。先週はひどい思いをしました。嘘なんかついていません。先生にはずっと正直に話していますけど、先生は私の言ったことを信用していないように見えました。
治療者：それはどんな話の時でしたか？
患者：「抑うつ状態になると、鏡の中の私はボーイフレンドのように見える」と言った時です。
治療者：あなたがそれを語ってくれた時、私はとても驚いた顔をしたんだと思います。実際、治療の開始当初は、誰に見えるかについてあなたは言うことができなかったのですから。
患者：そうでしたっけ？　言ったと思うんですけど。とにかく、私は不愉快な気分になりました。そのことをずっと考えていました。

彼女は、先週どれほどみじめに感じていたかについて私に話してくれた。

30　次の26回目も含めて記録が簡潔な形で終わっているのは、すでにスーパーヴィジョンが終了していたためであったと思われる。
31　最初に付き合った、父と同じ名前の男性である。

患者：鏡の中の自分が男の子のように見えるっていうのは異常なことですか？
治療者：それが自分をレズビアンではないかと思う理由なのですか？
患者。はい、その通りです。これはもうお伝えしましたよね。怖かったんです。ゾッとしました。とても抑うつ的だったので、母親にも、他の女性にも私のそばにいてほしくなかったんです。
治療者：どうしてそう思ったのでしょう？
患者：ボーイフレンドが自分にしたようなことを、私もしてしまうかもしれないと心配だったから。
治療者：もしボーイフレンドがあなたにしたことができたとしたら、お母さんにするのではないかと感じることとはなんですか？
患者：（沈黙）
患者：やめて下さい。私は狂ってなんかいません。ただ鏡の中にボーイフレンドが見えるだけです。
治療者：わかりました。お母さんにしたかったことを言いにくいようなら、ボーイフレンドがあなたにしてくれたことだったら言えるんじゃないですか？
患者：とても素敵なことをしてくれました。彼のおかげで私は自分を美しいと感じることができました。彼は私を特別な存在だと感じさせてくれました。あぁ、とても素敵な体験でした。
彼女は、それがどれほど素敵だったかを話した。
治療者：おそらく、それこそが、あなたがお母さんにしてあげたかったことなのでしょう。
患者：いいえ。私は怖かったんです。母を寄せ付けませんでした。
治療者：そう。ある部分では恐れ、お母さんを寄せ付けなかった。そして他の部分では身体的な接触を望んでいたのでしょう。
患者：でも、どうしてですか？
治療者：お母さんに素敵な感じを味わってもらいたかったし、あなたにとって特別な存在になってほしかったのでしょう。ボーイフレンドがあなたにしてくれたように。もしあなたが男の子だったら、あなたにとって特別な存在になって、そしてもっと生き生きしてもらうために、お母さんと抱き合って、キスできたでしょうね。[32]

患者：でもどうして私はそうしたかったのでしょうか？

治療者：お母さんが死につつあったからでしょう。[33]お母さんの命はいわば風前の灯だった。でも、あなたはお母さんにいつもいっしょにいてほしいと思っていた。恐らくあなたの大人の部分では、お母さんを奪われたように感じていたのでしょうが……。

治療者：でも、お母さんはあなたのそばにずっといることはできなかった。たしか、お父さんに対してあなたは腹を立てていましたよね。医者たちに対しても怒りを感じていましたよね。彼らはあなたに何をしたんですか？　お母さんは、あなたではなく、お父さんの相手をするためにあなたのそばから離れて行かなければならなかった。そしてお母さんは入院した。心の中では、あなたは医者がお母さんを殺したと思っているのでしょう。

患者：心の中ではないのです。実際に医者たちは母を殺したんです。

治療者：それで今でもあなたは怒っている。あなたはお母さんとセックスすることで、なんとしてもお母さんを自分のそばに置き、お母さんをもっと生き生きさせたかった。これはあなたの子どもの部分がしたことなんです。でも、大人の部分のあなたは、怖がり、心配し、そして抑うつ的になったのでしょう。

患者：そんなふうに一度も考えたことがありませんでした。

(彼女は納得したようだった。)

32　原文は、alive.

33　原文は、dying.

28回目　X＋1年9月14日

患者：ずっと元気でした。

患者：先週話し合ったことを話したいです。どうして自分が男性のように感じたのかまだよくわからないんです。

治療者：その理由を理解するには、あなたに起こったことをよく知る必要がありますね。

患者：自分が男性のように見えて、男性のような感じがして、私は怖くなって落ち込んだんです。

私は詳細を思い出すように促したが、とても困難だった。彼女は「こんなこと聞く必要があるんですか？」「こんな話が先生に役立つんですか？」と言った。「あなたはそれについて話したくないんですね。でも、話したくないということ自体、それがあなたにとっていかに重大であるかを物語っているのですよ」とだけ私は伝えた。彼女は「バカバカしい」と繰り返した。

私は時々具体的な質問を投げかけなければならなかった。

ついに彼女は詳細をひとつひとつ話し始めた。彼女は自分の身体がゆっくりと男性に変わっていくように感じた。顔も変わり、ボーイフレンドのように見えた。陰部には何やら突き出しているものまで見えた。彼女はそれを見ざるをえなかったので、それが何であるかを知っていたのだ。

治療者：それが何であるかを確かめるのが怖かったからなのでしょうね。

患者：そうです。それはあたかも男性器をもった女性のような姿でしたから。

彼女は、自分を男性であるかのように感じていたので、ボーイフレンドが彼女にしたことを母親にもしてしまうのではないかと心配だった。母親に触れられると、彼女は男性に触られているように感じた。それは性的な感覚であった。それから彼女は、同じことを自分自身にもできるように感じ始めた。さらに、周りの男性のみならず全ての女性に対してもそうすることができるかもしれなかった。そのため、周囲の人々が好きだったはずなのに、彼女は誰も寄せ付けないようにしたのだった。彼女は母親にそばにいてほしくはなかったのである。

患者：私はなぜそう感じざるを得なかったのでしょう？

治療者：全てはあなたの心の中で起こっているのです。だから私たちは、あなたのある部分があなたの母親に対しやりたかったことを想像できるでしょう。

それが、死んだ母親[34]、あるいは死につつある母親[35]を生き生きとさせる彼女なりのやり方だったのだろうと私は解釈した。

彼女のボーイフレンドは、彼女が申し分なく、強く、美しい、彼にとって特別な存在であるという気分にさせてくれた。

姉に対する劣等感を語り、姉に対し自分は物足りないと感じていた。

姉について語る彼女の口調は、セックスをしている時の自分自身について語る口調によく似ていた。

治療者：ボーイフレンドがしてくれたことをお母さんにすることによって、お母さんにとって特別な存在になりたかったのでしょうね。

29回目　X＋1年9月21日

なぜ鏡の中で男性になってしまうのかについて話し合った先週のセッション以降ずっと、彼女はどんなに気分がよかったかを強調した。彼女は「先生と話し合えたことで助けられました」と語った。それから彼女は、1週間何をしていたかについて話した。彼女は姉の本を1冊持参していたが、それは母子

34　原文は、dead mother.

35　原文は、dying mother.

関係に関する本であった。それには赤ん坊が最初に愛する人は母親であると書かれていた。その一節から彼女は、C医師が述べたことと私と話し合ったことを思い出した。セッションのその後の時間は、治療開始以降これまで私たちが話し合ってきたことのまとめに費やされた。すなわち、なぜ母親の死を受けいれることが難しいのか、なぜ自分が母親とセックスをするかもしれないと恐れたのか、なぜ彼女の体が男性のようになって母親に対しなにか性的なことをしようとしたのか、そして、なぜ魅力的な姉に嫉妬を覚えたのかなどであった。それは主に、母親をあきらめることの困難という観点から話し合われた。それから私は、彼女が母親を殺したと思っている医者たちに腹を立てるのはどうしてかについて話すように促した。そして私は、「あなたは、母親の病状を悪化させたことに罪悪感を感じていると言っていましたね」と告げた。その上で私は、彼女が医者たちを悪者にすることで自分の罪悪感から逃れようとしているのであろうと示唆した。彼女はそのことに納得した。それから私たちは、なぜ彼女が、母親を殺したのは父親であるように感じ、父親に怒りを抱き続けてきたのかについて話し合った。最終的に彼女は、自分が母親を殺したのだと思うと語った。私は、彼女が母親を生き生きさせるためにこそ、母親とセックスをしたかったのではないかと示唆した。

セッションの終わり頃、重要なポイントは全て夏季休暇のあとに明らかになったこと、そしてそれはおそらく私の帰国と関係するであろうということを、私は彼女に指摘した。

彼女は、「先生がいなくなることは受けいれています」と述べた。私は、母親との死別やボーイフレンドとの別れを受けいれたように、私との別れも受けいれられるであろうと彼女に伝えた。

私には彼女の性愛化転移が影を潜めたように感じられ、少し悲しかった。

30回目　X＋1年9月28日

彼女は私から距離をとっているように感じられた。先週のセッションで、私と彼女の性愛化転移に彩られた関係はもはや終わってしまったのだと感じた。

患者：前よりずっと元気になりました。ひょっとしたら先生がいなくなると憂うつになることがあるかもしれませんが、先生がいなくなったことで寂しいからではないと思います。

治療者：そうでしょう。あなたは鏡の中に私が現れることで落ち込むのを心配している。

患者：（当惑気味だったが）おっしゃる意味、わかります。先生の帰国は受けいれています。

そして彼女は集団精神療法に対する不安を語った。彼女は、話せない自分を空想している。

患者：でも頑張って参加しようと思います。これは、よくなるための絶好の機会だと思います。私自身についてもっと知りたいですし。

そして彼女は、自分がなぜここに来て治療を受けているかを姉に伝えたことを話し始めた。姉や父親は彼女が傷つくことを恐れるあまり、彼女の情緒的な問題を彼女の前で話題にすることができなかった。

その後、数ヶ月前に別れた中年男性の話に移った。

患者：彼がここで治療を受けるようにアドバイスしてくれました。でも彼は十分に私を理解してくれなかったので別れました。でも今では、彼には申し訳なかったと思っています。素晴らしい人でしたから。

治療者：今日は、自分自身を理解してもらうことの難しさについて話していますね。その難しさはお母さんに対しても、そして私に対してもあなたにとって同じ問題だった。でもお母さんは病気だったので、理解してもらえないという問題をお母さんに伝えることはできなかった。それをお母さんに伝えるといつも、自分がお母さんの病状を悪化させてしまうかもしれないという罪悪感を感じていた、だからそんなことはするべきではないと思っていた。それであなたはいつも泣いていたのでしょうね。

患者：そう。ひとりで泣くしかなかったんです。

治療者：どうしてひとりで泣いていたんだとおもいますか？

患者：怒っていたからです。

治療者：誰に対して？
患者：母にです。
治療者：怒りや憎悪といった陰性の感情を表現しなかったのは、そうするとお母さんの病状を悪化させ、傷つけてしまうのではないかといつも恐れていたからですね。だからそうした感情を抱くことに罪悪感を覚えるんですね。それは、それほど危なっかしい感情だったからでもあるし、実際にお母さんを悪化させたからでしょう。
患者：はい、罪悪感と怒りを抱いていました。母は素晴らしい人でした。あんなか弱い母に怒りを表すことはできませんでした。でも、先生に対しては怒っていませんよ。
治療者：私を傷つけたり心配させることなしに怒りを表現できたからでしょう。
患者：先生はお医者さんだからそうできたんです。

情緒にあふれた関係は終わったように感じた。そして今や、私と彼女は普通の医師・患者関係になったかのようで、私は彼女をとても遠くに感じた。

終了間際、彼女の装いが、黒のセーターと黒のスカートという喪服のように黒づくめであることを私は指摘した。彼女が黒を着るのは珍しいことだった。

患者：先生との別れを悼んでいるのではありませんよ（と彼女は笑った）。
治療者：時間が来ました。
治療者：あなたから私は多くのことを学びました。

A病院　精神療法サマリー

患者名：B
住所：〔略〕
治療期間：X年12月16日〜X＋1年9月28日
担当者：北山医師
スーパーヴァイザー：C

この患者は初回面接では極めて内向的で感情を表出できなかったにもかかわらず、治療の中心的なテーマはまさにその初回面接において明らかであった。彼女は、「私は抑うつ的になるとまるで別人のようになります。鏡に映る自分は自分自身のようには見えません。そして私は女性に魅力を感じるんです」と述べた。私が鏡の中では男性のようになってしまうのではないかと伝えると、彼女は「その通りです。私のボーイフレンドはお母さんのようでした」と答えた。さらには、彼女は自分が同性愛者ではないかという強迫的思考に悩まされていることが明らかとなった。

彼女が誕生した時、彼女の母親はすでに心臓病を患っていた。それどころか、担当医は彼女の母親に子どもを産むべきではないと助言していたことを聞き及んでいた。彼女の誕生以来、彼女の母親は、彼女（患者）が26歳時に最終的に心臓発作で亡くなるまで、たびたび入院しなければならなかった。彼女の父親は彼女とは隔たりのある存在で、彼女は父親から十分に理解されていないと感じていた。彼女の姉は彼女より2歳年上の医師で、彼女の言によれば、彼女より知的で、魅力にあふれ、社交的であったため、彼女は姉に対して多くの点で劣等感を抱いているようである。彼女は子ども時代からずっと、病弱な母親に心配をかけないよう細心の注意を払っていた。彼女が17歳の時、ある男性と恋仲になり、彼女はその恋愛関係を「とても美しい特別なもの」と感じていたが、同時に彼女は母親に心配をかけていることに罪悪感を抱いていた。この男性と別れたあとに、彼女は抑うつ的となり、同性愛への不安にとらわれるようになった。そのため、彼女は自分が「ノーマル」であることを確かめるために2～3人のセックスフレンドとの交際もあった。彼女の母親の死後、彼女は中年男性と出会い、その男性とほぼ同棲状態となり、彼女は彼を母親のように見なしていた。その間、彼女には抑うつエピソードが2度あり、そのため彼女は女性に魅力を感じるようになった。こうしたエピソードから、彼女は心配のあまり当院を受診するに至った。

治療開始当初から私たちは、病気のために母親が不在がちだった際、彼女に起こったことを中心に話し合っていった。彼女が5歳の時、彼女の母親が入院したことから、彼女は姉とともに叔父宅に移り住まなければならなくなったが、そこでひとりの従兄と出会った。

彼女は、どれほどその従兄の裸を見たかったたか、そして代用物となり得る彼のペニスをどれほど触りたかったかを覚えていた。私は頻繁に解釈したわけではなかったが、現実としても、そして空想上においても、母親の死別に関連して彼女が胸に秘めていた感情を表出できるように努めた。治療が進むにつれて、抑制が次第に緩んでいき、彼女は、母親を失ったことと、それに関連して従兄など他の人に彼女が投影していることとの関係を認識しようとするようになった。

春以降の治療中期、彼女はよく話すようになり、私たちは彼女の父親に対する感情を話題にできるようになった。例えば、父親が彼女から母親を奪ったことや父親に多くの女性がいたことについての彼女の怒りなどが話し合われた。彼女は父親からの贈り物をよく拒んでいたが、彼女が父親に求めていたものは本当は何だったのかについて話し合ったあとは、彼女と父親との折り合いは好転するようになった。その後、私は、彼女の心理的に母親を求める気持ちと、性的に男性を求める気持ちとの混乱を彼女に理解してもらうために転移解釈を行った。彼女が母親にまつわることと父親にまつわることとを次第に区別できるようになるにつれて、彼女は「母親代理」である中年男性にしがみつくべきではないと思うようになり、その男性とは別れることにした。

治療の終盤においては、夏季休暇ののち、彼女はついに彼女の母親を死に至らしめたと感じていた医師たちへの怒りを語るようになった。私の解釈は、彼女が母親の死に関する怒りやそれについての罪悪感を回避したいと感じているということと、それは一部には治療者との別れによるものではないかというものであった。この解釈によって、かろうじて彼女は、鏡に映る人物がかつて初めて交際した男性であり、その男性が彼女にしたことを、彼女も自分の母親にしてあげたいと感じていたということを語れるようになった。私は、それが亡くなった母親を甦らせる彼女なりのやり方であったのだろうと伝えた。彼女はそのことに十分納得し、私はこの時点で、彼女の性愛化された転移と、もしあるとすれば、逆転移さえもが解消され、彼女には最終的な治療の終結を受けいれる準備ができているのであろうと思った。

彼女は集団精神療法に参加する不安を抱いていたが、それへの動機づけは高かった。私が考えるに、彼女はそれほど重篤な状態ではなく、その後の治療者が彼女の心理的な投影を整理するのを手伝ってくれれば、集団精神療法にふさわしい患者だと思われる。

集団精神療法の適応である。

O・北山

患者のその後についての連絡（A病院E医師より）[36]

X＋３年10月10日

拝啓　北山先生

（前略）

最後にBさんです。この患者さんも、先生との治療を終えて、ご自身についてとても満足げな様子で上記グループに参加しましたが、実際には、彼女の外的人間関係はほとんど変化していないと言っていました。また、彼女は先生との間で話し合ってきたテーマをやり直すことができ、かなり歳の離れたボーイフレンドと別れたり、父親と向き合い、父親に対してどのように思っているのかについてより率直に語れるようになったりなど、多くの積極的な行動がとれるようにもなりました。彼女は他の患者さんたちとの間で強い絆を結び、その絆は当初のグループを超えて、そのグループが終結となったX＋２年６月に始まった新たなグループへと広がりました。F医師はX＋２年11月に彼女に再会しています。その頃になると、彼女は元気に働き、年齢があまり離れていない、もっとふさわしいお似合いのボーイフレンドとだけ交際するようになりました。F医師によると、当院での治療を受けていた一定期間、彼女は多くのことを学びましたが、今後また援助を求めて戻ってくることがあるかもしれないと思ったそうです。

以上が先生にとって十分な情報であり、それが先生の論文に役立つであろうことを願っています。もし他にも私たちが役立つことがあればお知らせください。

敬具

E

36　治療が終了してから3年後に、治療者が論文作成のために、症例のその後を問い合わせたことに対しての返事である。

解説――女性症例Bさん

飯島みどり

はじめに

北山は、1970年代に2年間英国に留学し精神医学を学んだ。この症例は、そこでの臨床実習の場となったA病院で北山が行った精神分析的精神療法の一例であり、本症例報告は研修の一環として行われたスーパーヴィジョンのための資料として英文で作成されたものの全訳である。すでにミュージシャンとしてその時代の象徴的な存在として社会に迎えられながらも様々な葛藤を抱えて英国に渡った北山が、〈精神分析〉の中にみずからが求めていたものを見出しつつある中で行ったこの症例からは、患者の語るところに耳を傾け、その関係性を発生論的に読み取り解釈していこうとする若き北山の瑞々しい感性が随所に感じられる。治療期間は、約9ヶ月30セッションと決して長くはなかったが、そこで取り扱われたものは〈死〉と〈喪失〉に伴う分離不安と罪悪感という極めて根源的な葛藤であった。北山は、この治療の中で患者の転移の受け皿となってそこに投影された内的対象を演じ、演じながらその場をマネージしていくという、後に北山が〈プレイイング・マネージャー〉と呼ぶ臨床的な態度で対応している。治療者へと転移された患者の内的世界が解釈によってその意味するところを見出され、滞っていた過去が事後的に体験されながら〈現在〉に帰結していくプロセスは、精神療法とはどんなものであるのかを改めて考える契機となるだろう。また、この症例の中で語られた愛する対象を傷つけ、損ってしまうことへの罪悪感をめぐるファンタジーは、のちに北山の〈見るなの禁止〉の理論化に示唆を与えるものであり、まさに北山の臨床家としての出発点といえる症例である。ここでは、治療記録と本症例について帰国後に北山が著した論文「同性愛的な強迫観念をもった女性症例――精神分析的観点からみた治療者の「うけ・こたえ」の過程」〔以下「症例論文」と表記〕に対し解説を加える。患者の言葉は「　」、治療者の言葉は（　）で記した。

〈外来精神療法部門初診レポート〉

治療記録は、「外来精神療法部門初診レポート」から始まっている。これは、外来精神療法部門に紹介されたクライエントに対して、精神療法の適応の可否を判断するアセスメント面接の報告である。アセスメント面接では、精神医学的な面とともに精神療法を行っていく上で必要とされる治療への動機付け、治療者との間に治療同盟が築けること、不安や抵抗に耐え自己を観察し続けることのできる自我の強さ、社会的適応性などが検討の対象となる。

女性患者Bのアセスメント面接を行ったC医師は、彼女が緊張や不安から、すぐにはうまく話せなかったものの、懸命に話そうとし、最終的には自分の性的なことについてもかなり自由に話すことができるようになったことを強調し、精神療法への「適応」を判断している。なお、C医師は、本症例における北山のスーパーヴァイザーであった。

〈症例の概要〉

この記録は、北山が本症例のカンファレンスのために作成した資料である。ただ、この症例の場合、どの時点でカンファレンスが行われたかについては記録されていない。患者は、29歳の未婚女性で職業は秘書だった。主訴は、3度のうつ病のエピソードと、自分には同性愛傾向があるのではないかという強迫的思考であった。彼女は、9ヶ月ほどかかりつけ医 general practitioner から少量の抗うつ薬による治療を受けた後にA病院に紹介され5ヶ月ほどが経過した頃、複数の研修医による支持的療法の適応症例との見立てによって、精神療法のユニットに紹介された。患者が、初めてうつ病を発症してから既に10年が経過しており、秘書としての勤務や日常生活は維持できていたものの、その症状は薬物療法だけでは改善しにくいものと捉えられたのであろう。アセスメント面接はそれから約4ヶ月後に行われ、その後2ヶ月半ほどを経て北山との精神療法が始まった。

家族は、両親と2歳年上の姉であったが、母親は患者が生まれる前から心臓病を患っており、彼女が25歳の時に

66歳で亡くなっていた。父親は67歳で存命であった。家族それぞれについての情報は少なく、姉については、治療終了後に北山が記したサマリーに、「医師」であったという記述がある。姉は、子どもの頃から優秀であり、患者は嫉妬と劣等感を感じ続けていた。なお、治療記録の傍注にも記したが、本症例の「2歳年上の姉」は、症例論文では、プライバシー保護のため「3歳年下の妹」という修正が加えられている。

生活歴には、まず母親は患者を出産する前から心臓病であったことが記されている。その症状は楽観的なものではなく、母親の担当医は第二子の出産には否定的であったようである。彼女が5歳の時、母親は大きな発作に見舞われ入院し、彼女は姉とともに1年間ほど叔父の家に預けられるなど、早い段階から分離にまつわる葛藤を体験していた。患者は、16歳から秘書として働き始めたという。学歴については記載がないが、年齢的に高学歴だったとは考えにくい。次には、彼女の恋愛経験と母親の病状、そして患者が19歳で初めて抑うつ的となった経緯が記されている。また、ここには記されていないが、患者は22歳時にも抑うつ状態を経験している。これらの点は、患者の症状形成や治療機序となる出来事であり、後に詳しく語られるところとなる。治療が開始された時、彼女は、母親の死から2年後に交際を始めた40代の男性D氏と同棲しており、この男性は、彼女の精神療法にも付き添ってきていた。

治療構造は、週1回50分、対面法であった。週1回という頻度について北山に尋ねたところ、当時のA病院においては、セッションの頻度も様々であったとのことである。北山の帰国の日程が決まったことから、9回目のセッションで治療の終了の期限が告げられている。

〈治療記録〉

1回目　精神療法を受けようと思ってから約半年後の治療開始であった。アセスメント面接の時と同じく、彼女はなかなか話し始めることができず、「思い浮かんだことをどんなことでもいいから話してみてください」という北山の促しの後も、長い沈黙があったことが記されている。しかし、この後に語られた内容の意外さを考えるなら、彼女が話すことに対して示したためらいは無理もないことのように思われる。この後彼女は、抑うつ状態の時に鏡を見ると自分が男性のように見え、女性に惹かれるように感じる、だから抑うつ状態の時に女性に会いたくないのだと語った。それは、抑うつ状態の際の一般的な症状とは異なる体験であり、彼女は自分に起きていることに目を疑い、戸惑い、不安になりながらも、長いことそれを誰にも話せず、自分の心の内だけに秘めてきたのであろう。北山は、症例論文の中でこの時の彼女の様子を〈吐きたいのに吐けない〉という言葉で表し、この症例の強迫神経症の理解において重要な視点であると指摘している。〈吐く〉は、身体的な吐き気と心理的な嫌悪感を同時に表す心身両義性を含んだ言葉であり、彼女は内側にあるおさまりの悪いものを〈吐きたい〉という欲求と、しかし、〈吐いて〉しまったら外にあるものを汚し取り返しのつかないことになってしまうのではないかという不安から〈吐く〉ことができないという葛藤を抱えていた。彼女が精神療法を受けることには、まず、安全に〈吐く〉ことができる場を得るという意味があったものと考えられる。

2回目　セッションは、〝ダブルベッドへの恐怖感〟から話し始められ、彼女の性的な体験が話題となった。彼女は、18歳時に初めて性的な関係を持ったが、そのボーイフレンドと別れた3ヶ月後に初めて抑うつ状態に陥った。彼女は自分が抑うつ的であることを母親に打ちあけたかったが、それを伝えることはできなかった。幼いころから彼女は、母親の病気を悪化させるような言動を自らに〈禁止〉してきたのである。北山は、母親に対する彼女のアンビバレンス——即ち、母親に心配を掛けてはいけないという思いと、母親に世話してほしいという思いの葛藤を解釈した。抑うつ状態にひとりで対処していた彼女は、母親から愛されていた子供時代のことを考えているうちに周囲の女性が母親に見え始めたことに戸惑い、自分が同性愛者なのではないかという不安を抱いた。北山は、母親を求めていた彼女の目には周囲の女性たちが母親のように映ったのではないかと示唆した。そこからの連想で、彼女は、現在の交際相手との間には性的なつながりはなく、彼は自分にとって母親のような存在であることを語った。彼女は母親に求めることができなかったものをファンタジーの中で周囲の女性や交際相手である中年の男性に求めていたのである。

3回目　前回、母親的な対象との同性愛的な感情についてふれた彼女は、話すことに葛藤的となり、沈黙し泣き続けるまま30分ほどが過ぎた。そして、再び、抑うつ状態の時に辛かったことを母親に言いたくても言えなかったと訴えた。彼女は母親の病状を気遣って何も言わなかったのだが、母親は彼女が母親を嫌っているのだと誤解してしまったという。北山が、彼女の欲求に応えてくれない母親に対して、彼女は腹を立てていたであろうことを解釈すると、彼女はそれに同意しながらも、自分がなぜ怒りを抱くのか理解できないと語った。恐らくその時も母親を傷つけるような情緒は抑圧されていたのだろう。彼女は、自分の辛い気持ちを母親に話し、抱きしめてほしいと願いながらも言いたいことを言えない、言ったら母親を傷つけてしまうという葛藤を抱えており、それはこのセッションの中で北山を相手役にして劇化[1]されていた。北山は、彼女のこのような葛藤を、自分のつらい気持ちを分かってほしいと望む〈子どもの部分〉と、母親に配慮し自分の気持ちを抑えようとする〈大人の部分〉という二重性[2]として解釈した。病弱で傷つきやすい母親には伝えることのできなかった陰性感情を表出できたのは、彼女が治療構造によってholding[3]されていたからであると思われる。このようにして、彼女がそれまで抑圧していた母親への不満や怒りが取り扱われ始めた。

4回目　このセッションでは、北山に対する転移感情がより明確な形で劇化され、それを介して母親との間で体験されていた思いが理解されていった。彼女は、「調子が悪い」と言い、前回のセッションの後、母親への性的な感情を指摘したC医師の言葉を思い出して怖さと怒りを感じたことを語った。彼女は、それについて「話したい」という気持ちと「話したくない」という気持ちの間で葛藤し、身体を震わせた。北山は、ここで患者が〈何を〉言えないのかという内容に焦点付けるのではなく、患者が、〈言うに言えない思い〉を抱えていることに共感し、それはかつて母親との間で体験したことの反復ではないかと解釈した。すると患者の震えはすぐに治まったのである。それにより北山は続けて、彼女にとっての問題が母親との関係にあること、そして北山を〈母親〉のように捉えているのではないかと、その転移を解釈した。この後、C医師の言葉を借りながら、彼女が最も心配してきたのは、母親への性的感情であることが示唆され、共有された。そして北山が最後に解釈しているように、それこそが、彼女の〈言うに言えない思い〉の中身であり、彼女はそれを〈言えない〉ながらも、何とかして治療者に伝えようとしていたのである。なお、治療記録の傍注に原文表記を記した彼女の「先生に何もしてあげられない」という言葉からは、彼女が、「話せない」ことに罪悪感を抱いていることが伝わってくる。それは傷つきやすい母親への気遣いと配慮の反復であり、彼女が治療に対して協力的であったことをうかがわせる言葉である。

5回目　前回は、話すことに葛藤的であった彼女が、このセッションでは「先週話せなかったことを話したい」と自発的に話し始めた。彼女は、テレビで男女が抱き合うシーンを見た時に、その女性を自分の腕で抱きしめているように感じ、寂しく惨めで絶望的な気分になったことを語った。さらにそこからの連想を辿っていくと、一人取り残された感じや、母親にしがみついているような感じが想起された。北山はここで、母親との関係においてそのように感じたことがあったかと尋ねたが、彼女は自分の幼少期に「母が自分を一人にすることは絶対になかった」と否定した。しかし、北山が、日常生活の中では母親が彼女を一人にしたこともあっただろうと現実検討を促すと、彼女は両親の寝室に入れてもらうまで泣き止まず、母親から「ずる賢い子ども」と言われていたことや「母がいなくなるといつも泣いていた」ことを想起した。患者の現在の体験を転移関係の中で捉え、そこに生じていることの意味を理解していこうとする北山の積極的な介入によって、それまで否認されていた「不幸せ」で「みじめな赤ん坊」であった自分が意識化され、理想化されていた彼女の幼少期はアンビバレントな二面性を回復し、現実的なものになりつつあった。

6回目　前回、幼児期の記憶が想起されたことに引き続き、母親が入院したために姉と共に叔父の家に預けられた5歳の頃のことが自発的に語られた。セッションが重ねられていくにつれて北山との関係性が深まり、治療空間は現在と過去、空想と現実との中間領域として位置づけられ、彼女が自由に話せる場になりつつあったことがうかがわれる。彼女は、叔父の家で過ごした頃を振り返り「母親がいないことを寂しいとは思わなかった」が、そこで自分の世話をしてくれた17歳の従兄を大好きになったことを語った。彼女がこのとき従兄に求めたものは、本来であれば父親や母親に求めるはずの依存欲求や甘えを許容してくれる母親的な対象であったのだが、異性である従兄にそれを求め、彼の裸を見たり性器に触れたりした彼女は、性的な興奮を感じることによって依存へのニードを満たしたのだった。「彼のペニスを見たかった」という彼女に、北山は、従兄は彼女の不在の母親や父親の代理であり、従兄のペニスは母親の乳房や父親のペニスの代理であったことを解釈した。これは、その後の彼女の対象関係を理解していく上での〈鍵〉となる解釈であったが、彼女は、これをすぐに受け入れることはできなかった。

7回目　彼女は、調子は良いと言いながらも、なかなか話し始められず沈黙した。北山に促され彼女が語ったのは、行きずりの男性の発した〝治療には価値があるのかい〟という言葉に対する怒りであったが、北山がこの怒りは彼女が自分の治療に対して感じている不全感ではないかと解釈すると、彼女はそれを否定せず、前回のセッションで、従兄の男性が母親の代理であったということが理解できなかったことに腹を立てていたことを語った。ここで北山は、前回の解釈をもう一度わかりやすい表現に変えて説明した。彼女はその説明に納得したが、話が母親の〈病気〉や〈不在〉に及んだことで〈死〉や〈喪失〉とそれに伴う情緒が賦活されたのであろう、〈母親〉への怒りや不満といった〈言ってはいけないこと〉を言って、母親を傷つけてしまったのではないかという不安が生じ、連想は母の死へと結びついて「母が死んだとき、何も感じなかった」ことが罪悪感と共に想起された。「またここに来て欲しいですか？」という彼女の問いに、治療者は（はい、お願いします）と答えたが、症例論文では、そこに彼女のアグレッシブな転移感情に対する反応として生じた逆転移を打ち消そうとするニュアンスが含まれていたことが記されている。

8回目　彼女は、前回、母親が亡くなった時のことを話した際に、北山が何も分かっていないと感じ腹を立てていたことを語り、再び「この治療は役に立たないかもしれない」と不満と怒りを訴えた。彼女の母親転移によって、北山は彼女が母親を傷つけることを怖れて自分の中に閉じ込めておくしかなかった不満や怒りの受け皿となっていたものと考えられる。これは北山がよく使うフレーズであるが、ここでは「役に立たない」と言われることで、役に立っていたのである。彼女は、再び母親との死別の場面について語り、母親の死を前にした時、本来そこで体験されるはずであった悲しみや空虚感といった情緒を自分から切り離し、そこで死んでいこうとしているのは母親ではないと目の前の現実を否認することで平静を保ったことを語った。しかし、彼女はここで再び、自分が言うべきでないことを言ってしまったことで母親を傷つけてしまったのではないかとの不安を感じ、それを打ち消そうとして母親が亡くなったことを医師や看護婦の責任だと非難した。また彼女は、母親の病状がそんなに深刻であったことを「知らなかった」と訴え、だから自分のうつ病と母親の死は無関係であることを強調した。しかし、この後、彼女は、彼女が5歳の頃、母親が心臓発作を起こし入院したのは自分がクリスマスのドレスを繕ってほしいと母親に無理を言ったからだと父親から責められたというエピソードを語って泣いた。彼女は、母親を傷つけた〈罪〉をえてきたのである。そのため彼女は、母親に対する怒りや不満など、母親を傷つけることにつながるような情緒を否認してきたのだった。しかし、前回にひき続きこのセッションにおいても〈禁止〉されてきた母親の死にまつわる情緒が体験され始めていたのであろう、セッションの終わりに、彼女は母親対象である治療者を傷つけてしまったのではないかという不安から、もう一度「来週また来てもいいですか」と尋ね、治療者はそれに「はい、お願いします」と答えている。北山は、症例論文の中で、禁止を破ることが理想的母親像の喪失につながるような対象関係を〈乙姫の禁止〉と呼んで解説している。この点については後述する。

9回目　前回のセッションの後、北山は風邪をひき、セッションをキャンセルしたため、前回から2週間後のセッションとなった。これは彼女にとっては、前回のセッションで危惧していたこと、即ち、自分が言うべきでないことを言ったことで〈母親〉を傷つけてしまったのではないかという不安を喚起した。彼女は10分ほど沈黙した後「これ以上話したくない」と言ってさらに沈黙した。沈黙の理由を問われると、彼女は、前回のことが北山を怒らせ、彼女にもう来てほしくないと思っているのではないかと心配したことを語った。ここで、北山は〈投影〉の機制を説明し、実際のところ治療に通ってくることに疑問を感じているのは彼女自身であること、そして彼女が自分のものとして体験しにくい感情を周囲に押し付けてしまうことを解釈した。彼女はそれを理解し、自分が表向き幸せそうな顔を取り繕い、怒りの感情を胸に秘めてしまうが、それを周囲に押し付けてしまうと語った。このセッションの終了時に、北山は約半年後に治療が終了することを伝えた。この別れは、あらかじめ想定されていたものではあったが、それが具体的になることは、対象を喪うことへの抑うつ的な感情を再燃させ、それは彼女の北山に対する転移を、「乳房」だけでなく「ペニス」をもあわせ持った対象へと発展させていく契機になったものと考えられる。

10回目　この回もまた、彼女は、前回のセッションで北山が言ったことが理解できなかったとイライラと不満を訴え、求めているのに得られないもの――それを北山は〈ペニス〉という言葉で表現している――への欲求を代理的に満たすためにクスリの処方を求めた。しかし彼女は、それが現実逃避であることを自ら語り、話題を変え、父親のことについて語り始めた。父親は彼女が近づこうとすると、いつもそれを拒否して彼女を怒らせるのだった。これまで、彼女の治療では、主に母親との対象関係が語られてきたが、このセッションにおいて父親との対象関係が取り上げられるに至ったことからは、患者の北山への転移が母親から父親へと移行しつつあったことがうかがわれる。フロイトは、エディプス・コンプレックスについて述べる中で、男の子にとって最初の愛の対象は母親であり成長してもそれを変える必要はないが、女の子は発達のプロセスの中で愛情の対象を母親から父親へと転換していくことを迫られ、それが女性の発達を複雑にしていると同時に、その転換が女性性の獲得にとって極めて重要であることを述べている。この移行を反映してであろう、彼女にはそれまで〈母親〉の代理対象としてきた交際相手の男性から自立したいという気持ちが芽生え始めていた。

11回目　この回、患者は初めて一人で来院した。彼女は、時折甘えた態度を見せながら、セクシーな姉に嫉妬してきたことや自分の子供っぽさをやや自嘲的に語った。そこからは、北山の前で一人の女性である自分を意識し始めていることが伝わってくる。彼女は、思春期の頃から「性的なこと」を恥ずかしく思う気持ちが強かったことを語ったが、治療者としての北山に性的な感情を抱くことについては、「自然なこと、先生は助けてくれるしとても親切だから」と抵抗なく語った。北山は、性的なものを排除して年長の男性と一緒にいることを願う〈子どもの部分〉と、同世代の男性の性的な対象でありたいと願う〈大人の部分〉という彼女の心の二重性を示唆した。そのうえで、さらに、世話をしてくれる〈親〉への愛情を、性的に興奮させる〈異性〉に対する性愛と混同してしまうために生じる対象関係の混乱と葛藤を、母親が入院した5歳の頃、従兄のペニスを見たかったということに結びつけて解釈した。その時彼女は、安心して甘えられる〈乳房〉を求めていたのだが、そこに性的に興奮させる〈ペニス〉が与えられたことで、その二つの機能が混同されたのである。彼女は、それを理解しながらも、その混乱や自らの同性愛傾向は母親の死とは関係がないことを敢えて強調し、母親を傷つけるような思いを抱くことから生じる罪悪感を回避しようとした。

12回目　彼女は、交際相手の男性と別れようと思っていると話し始めた。彼女は母親の死後も彼を〈母親〉の代理とし〈母親〉との依存関係を維持してきたのだが、そのような対象から分離し、独立した個人として自立したいという欲求が高まったのである。しかし、北山との別れに加え、長く依存してきた母親対象と別れることには分離不安が伴い、その分離不安は彼女がこれまで棚上げにしてきた母親の喪失をさらに実感させる動因となった。彼女が改めて「なぜ彼を母親のように見てしまうのか」との疑問を抱いた時、北山は、彼女とその男性との具体的な性的関係について尋ねた。彼女はためらいながらも彼との性行為の中で〈母親〉の〈乳房〉を求め、彼のペニスを乳房のように扱っていたことを語った。彼女は、さらに彼に対するアンビバレントな情緒を語ったので、北山はそれを、〈母親〉に対する愛情と憎しみという視点から解釈しようとした。しかし彼女は、北山の解釈を、自分が母親を殺したのだと指摘されたように受けとって動揺し、病弱な母親は二人目の子どもを産むべきではなく、自分が生まれてきたことで母親を殺してしまったのだと泣きながら語った。そこには、〈母親〉を捨てて自立していこうとする彼女の罪悪感も加わっていたものと考えられる。北山は、母親への〈罪〉を償うために母親を生き返らせたいのだという彼女の願望を解釈したが、ここでも彼女は、母親の死と自分のうつ病との関係をあえて否認し、母親を〈悪い〉対象とすることを回避した。

このセッションに限らず、この治療ではかなりリアルな性的描写が行き交う場面がある。個人的な性についての言語化に対しては、どの文化においても抵抗が生じるところであるが、人間の生と性とが深く結びついていることを考えれば、あえてフロイトを引用するまでもなく精神療法の中で〈性〉が話題に上ることは特別なことではないだろう。しかし、性的な事柄の言語化について北山は、日本語には特有の困難があることに言及している。即ち、他の多くの言語は、その〈音〉だけを表し特定の意味を持たない記号の連なりである表音文字を使用しているのに対し、日本語には文字そのものが特定の〈意味〉を持つ表意文字である漢字が使用されている。この表意文字には、その〈言葉〉の意味するところにまつわる伝統的価値観や先入観、そして〈恥〉の感覚などが結びついていることから、〈性〉について語ることに対する抵抗を強くする傾向があると指摘している。

13回目　この回、彼女は、セッションの時間の大半を沈黙した後に「心が空っぽです」と言った。前回のセッションで、「母親」対象からの分離と「母親」の死に対する罪悪感に触れた彼女は「空虚感」を感じていた。それは、彼女が8回目に語っていたように、本来は、母親が亡くなったときに体験されるはずの情緒であったと考えられる。母親の死とそれにまつわる罪悪感は、彼女が受けとめるにはあまりにも辛いものであったので彼女はそれを否認し続けてきた。そして、そのために彼女は、母親ちの二者関係にとどまり、母親を生かし続けてきたのである。彼女は「先週泣いたとき、抱いてほしかった」と語ったが、彼女は、治療構造と治療者に holding されることによって、長く禁止されてきた母の死にまつわる情緒を事後的に体験するに至ったものと思われる。

14回目　このセッションも患者は沈黙がちであった。しかし、その沈黙はこれまでの怒りによるものではなく「幸せな気持ち」での沈黙だった。それがどんなものであるかを尋ねられて、彼女は自分が北山と性行為を行う場面を空想したことをためらいながらも語った。彼女はそれについて、「ごく自然なこと、先生は私を助けてくれているから」とやはり抵抗なく語った。北山は、そこからの連想を促し、話題は、〈母親に対する性的な感情が何を意味するのか〉ということへと焦点付けられた。このように患者との論点が、着実に治療の核心部分へと進展していくプロセスには目を見張るものがある。これまで彼女は、母親への否定的な感情については頑なまでに否認し続けていたが、ここでは北山の問いに対して、抑うつ状態の時に自分が母親にどれほど腹を立てていたかをヒステリックに語った。この時の怒りは、それまで分裂排除されていた――フェアバーンが〈悪い対象〉とした――誘惑し興奮はさせるが拒絶し満足させてくれない母親の側面に対して向けられていたものと考えられる。しかしこの怒りは母親の部分対象に向けられたパラノイド的なものであり、彼女自身の主体的な感情体験からは解離されて〝自分の中にいるモンスター〟の仕業のように感じられていた。北山は、その時彼女が性的な欲求の対象としての母親に怒りを向けながらもそれを傷つけて破壊することは望まず、葛藤し抑うつ的にならざるを得なかったことを解釈した。この後のやりとりで、彼女の北山に対する性的感情が再びとりあげられた。彼女がそこで感じる興奮は彼女を脅かすほどに危険なものではなく、自分の主体的な体験であることが言葉になった。このセッションの後、復活祭の休暇のために治療は2週間休みとなる。

15回目　復活祭の休暇のため3週間ぶりのセッションとなった。彼女は、治療者の不在を取り上げ、セッションが休みの間、従兄のことを空想していたので北山に会えない寂しさを感じることはなかったと語った。北山が、かつての両親の不在と治療者の不在とが等価のものとして体験されていることを示唆すると、彼女は、求める対象の不在をその代理となる対象によって満たしていることを言葉にした。そこで彼女は、父親に対する思いに話題を移し、自分が父親を嫌っていたこと、そして12、3歳の頃から父親から何かをもらうとそれを受け取れずに困っていることを話した。しかし、ここで彼女は、自分が父親に求めていたものは愛情であったのに、父親がその気持ちに応えてくれず、物やお金といった代理物を与えることですませようとするので父親に腹を立てていたのだということを語った。彼女は、「父親に抱きしめてほしかった」と打ち明けたが、自分が求めているのはあくまでも〈親〉としての父親であることを強調し、そこに性的な感情が含まれているのではないかという懸念は「先生が考えていること」として自分の中から排除した。しかし、彼女はここで、初めて付き合ったボーイフレンドが父親と同じ名前であったこと、その彼との性的な関係は、性交には至らなかったが「素晴らしい体験だった」ことを想起した。彼女が父親を身近に感じたのはそれ以降のことであった。彼女の空想の中で、そのボーイフレンドは、幼い日の従兄の面影とも重なりながら、彼女が父親に求めていた愛情欲求を代理的に満たしてくれたのであった。

16回目　父親への愛情欲求が話題となった週末、彼女は、父親に会いに行った。これまで患者の内的な対象関係の中で取り扱われてきたものは、この後、現実の父親との関わりを交えて展開していくことになる。彼女は、いつもは父親に会うと怒りを感じるのだが、今回はとても幸せな気持ちになったことを「先生が何を言いたいのかはわかっているが」と、あえて言い添えた上で、それは性的な感情ではないと語った。彼女は、父親が、入院中の母親を一人にさせたくなかったと語るのを聞いて嫉妬したこと、しかし、その日父親から食事に誘われ泊まっていくように勧められたことで、今や自分が母親の立場にいることに気付きうれしく思ったことを語った。彼女は、母親から分離しつつある自分を許容できるようになったことで、二者関係からエディプス的関係へと移行しつつあった。しかし、彼女は、父親に対する自分の気持ちが性的なものであることを怖れ、その思いを治療者に投映し自分から分裂排除することを繰り返した。これに対して北山は、彼女が性的なものにこだわり頑なに排除しようとしている反面、セックスに強い関心を持っていることを解釈した。彼女は、それを否定しなかったが、それでも父親への感情は〈親〉に対するものであり性的なものではないことを訴えた。彼女は、母親の死後、父親が新たな恋人を作り、彼女よりもその女性を選んだことへの怒りと失望感を語りながらも、自分が父親から理解され母親の立場に立ったことで、幸せな気分になっていた。それは、これまでずっと代理対象でしか満たされなかった欲求が、父親自身によって満たされたことに対する喜びであった。北山に対して自由に話せるようになった理由として、彼女は、北山への性的な気持ちを封印し、性的なこだわりを持たなかったからだと語った。転移が性愛化することを抑制し、治療者を中立的な対象として保とうとすることは、彼女の健康さの表われと言えるだろう。

17回目　彼女は、2週間、姉と一緒にドイツを旅行し、セッションは3週間ぶりとなった。彼女は、旅行中とても楽しく、調子が良かったことを強調した。自分より優秀で、父親から愛されてきた魅力的な姉に対して彼女はずっと嫉妬を感じてきたが、今回はそれで気分が沈むことはなく、楽しく過ごせたという。その背景には、彼女自身も父親から認められたと感じられたことで、父親の愛情をめぐる姉とのライバル関係が緩んだことが関わっていたものと考えられる。しかし、姉の知り合いの男性から話しかけられた時、彼女は自分に自信が持てず、バカなことを言ってしまうのではないかとの心配からうまく話せなかったことを語った。そこには性的なものが意識されていたのであろう、彼女はそのエピソードから、C医師の言葉を想起し、自分がセックスのことや愛されることにこだわり、とらわれている（obsess）ことを洞察した。

18回目　彼女が自身のセックスへのこだわりやとらわれを理解しつつあったなかで、この回、彼女は、初めての性的関係について語った。彼女は21歳の時に米国人のボーイフレンドとの間で初めて性交渉を持った。彼女は、母親に無断で彼と一夜を共にし「大人になった」ように感じた。しかし、彼女はこの男性のことを好きではなく、このセックスに何も感じなかった。そして、翌日帰宅した彼女が、どこにいたかを打ち明けた時、母親は何も言わなかったが悲しそうな顔をしたという。彼女が二度目のうつ状態に陥ったのは、この時であった。彼女の初めてのセックスは、愛情を感じることもできず、さらには母親を悲しませてしまったという外傷的な体験であった。北山は、彼女の愛する対象を求め両親を捨てて大人になろうとする気持ちが母親を傷つけてしまう罪悪感と結び付き、母親から自立することへの葛藤が生じてしまったことを解釈した。

19回目　彼女は、週末に再び父親に会いに行った。その時父親は、彼女に洋服を買ってくれようとしたのだが、彼女はそれを断った。彼女が求めていた父親の愛情や優しさが、物やお金といった代理物で済ませられてしまうように感じられたからである。北山は、彼女がそう感じるようになったのは、父親との性別の違いを意識するようになったことと関係していることを解釈した。そして、彼女が父親に求めていたものを〈ペニス〉という言葉で表現すると、彼女は笑いながら否定したが、北山がそれを男性的な愛情や親密さの象徴であると説明するとその意味を取入れ、父親のペニスへの欲求を率直に肯定した。また、これまで父親のペニスを所有してきた母親や恋人への嫉妬と、しかし今や彼女自身が父親のペニスを手に入れるのにふさわしい女性に成長しつつあると感じていることが語りあわれた。北山の解釈は、精神分析的な概念における〈ペニス〉を前提としたものであり彼女にはやや受け取りにくいものであったが、その意味するところに納得できたことは、性的な感情にこだわりすぎずに父親への愛情を表出しやすくするものであった。この回、北山から治療終了後の集団精神療法への参加が提案された。

20回目　前回の〈ペニス〉についての解釈は、彼女にとって飲み込みにくいものだったのだろう、セッションは、前回の「父親のペニスを求める」ということの意味についての質問から始まった。彼女は、自分が父親とのセックスを求めているのではないことを強調した上で、ためらいながらも父親と一緒にいる時に感じる性的な興奮や、大人の女性として認めてもらいたいという願望を語った。彼女は、父親が自分よりも賢い姉の方を気に入っており、自分はいつも子どもだと思われバカにされてきたと語った。このような同胞葛藤は、彼女の自信のなさや愛情欲求に深く関わっていたものと考えられる。北山は、彼女が父親にわかって欲しいと望むのは、彼女が父親のセックスの相手にもなりうるくらい性的な魅力を具えた女性に成長したということだろうと解釈した。彼女は、前回のセッションの後に思い出したと、両親の原光景と思われる場面のことを語った。それは、両親の関係から排除され、真っ暗な中に一人取り残された恐ろしい体験であり、性的な色合いの加わったその記憶は、抑うつ状態の際に彼女を苛むもののひとつであった。

21回目　「気分はいい」と話し始めたが、彼女は、その週、仕事中にみじめな気持ちになり、その時「先生に抱いてもらいたかったことに気付いた」と打ち明けた。彼女は、北山に対して抱いていた性的な願望がどのように変遷したかを自ら語った。北山は、そのエピソードを、治療の終結が近づいていることと結びつけて解釈したが、彼女はそれを否定し北山との別れを受け入れていると語った。そして自分がみじめに感じるのは性的な欲求不満のためだとしながらも、「自分は愛していない男性とはセックスできない」と語る彼女に、北山は彼女がいつもセックスできない相手を愛してしまうことを解釈した。彼女は、母親、父親、そして治療者など、自分を保護し世話してくれる「乳房」を持つものへの愛情欲求を性的な欲求と混同してしまうために〈愛の対象〉とのセックスは実現しないのである。さらに北山は、治療者との別れは、彼女の心の中で〈母の死〉と等価の意味をもって体験されていること、即ち、彼女は死にゆく〈母親〉の喪失を性的なつながりによって引き留めようとするのだが、それができないことからその対象を憎み、心の中から締め出そうとしてみじめな気分になり、ひとりで泣くしかなくなってしまうという反復を解釈した。

22回目　セッションの冒頭で、彼女は、改めて北山の帰国が近いことを受け入れていること、しかし、母親との死別は実際に母親が亡くなった時には受け入れられなかったことを語った。北山は、あらかじめ期限を設定した治療においては、治療期間の有限性が多かれ少なかれ力動的な意味を持つことを指摘しているが、この症例において設定に組み込まれた〈時間の有限性〉は、〈母親の死〉と〈喪失〉という、それまで彼女が否認してきた葛藤と重なり、そこに治療を焦点付けていく動因となった。また、彼女は治療が終了した後、集団精神療法に参加することにやや被害的とも言える不安を抱いていたが、その連想から、母の死に際して「何も答えてくれず」自分をバカにした医師たちに対する強い怒りと不信感が表出された。北山はこの怒りを、いつも子ども扱いされ、「馬鹿な子ども」のように扱われていたという彼女の幼少期の体験と結びつけて解釈した。彼女は、同胞葛藤から自分よりも賢い姉は愛され、〝馬鹿〟な自分は両親から捨てられるのではないかという迫害的なファンタジーを持っていたのである。

23回目　彼女は、「精神療法って何なのでしょう」と自らそのプロセスを振り返り、そこでの成果として父親との間に現実的で相互的な関係を築けたことを評価したが、同世代の男性と性的な関係を持つことの困難はまだ解消されていないと語った。現在の交際相手は同年代というには年上で、未だにセックスはなかった。彼女は、彼がセックスをしたくない気持ちを受け入れてくれたことに感謝しつつも、彼との依存的な関係から自立することを望んでいることを語った。また、セックスが目的で近づいてくる男性とはセックスできないこと、そして「自分にふさわしい男性のために自分をとっておこうとしている」ことを語った。それが誰かを北山が尋ねると、彼女は「父です」と答えた。彼女は、異性との性交のための「ペニス」ではなく、「乳房」としての機能をもあわせ持った「ペニス」を求めていたのである。そして、父親と同じ名前のボーイフレンドとの性的行為の際に体験した安心感や満ち足りた感覚を再び想起した。

24回目　彼女は、前回のセッションを振り返り、自分が同年代の男性とセックスすることを困難にしているのは、父親ではなく母親との関係だと語った。母親は、まだ彼女の心の中で生きており、彼女の性的なことについて心配していた。北山は、彼女が同世代の男性とのセックスを避けるのは、心の中の母親に心配を掛けたくないからではないかと解釈した。この時、彼女は交際していた男性と別れたばかりであった。彼女にとって母親の代理対象であったその男性は、彼女が〈子ども〉でいることを許容し母のように接してくれていた。彼女が語ったその男性との性行為の中で、彼のペニスは母親の乳房のように扱われていた。しかし、今や彼女は母親ではなく、彼女を一人の女性として扱ってくれる男性を必要としていたのである。これまで彼女の対象関係を混乱させてきた〈乳房〉と〈ペニス〉の混同が解消され、母親の〈乳房〉と、男性の〈ペニス〉は、それぞれ別の対象へと分化されつつあったことがうかがわれる。間近に迫ってくる北山との別れが、母親との依存的な関係性からの分離と自立に向けて彼女の背中を後押ししていたものと思われる。

25回目　6週間の夏休みを前にしたセッション。この時期、すでに北山のスーパーヴィジョンが終了していたせいもあり、記録は簡潔である。彼女は、治療の終了後の集団精神療法への不安や母親が亡くなった時の医師への怒りを語ったようである。おそらくは、長い夏休みと、その後間もなく訪れる治療者との別れを前に不安や心細さ、そして自分を置き去りにしていなくなってしまう〈母親〉への怒りを体験していたのであろう。

26回目　夏休み明け、セッションは「ずっと元気でした」という言葉で再開された。彼女は、病院に対しては信頼を寄せたが、母親の治療を担当した医師やC医師には批判的な言葉を繰り返した。そして、「先生と会えなくなるのが寂しい」と語った。ここで北山は、治療者との別れを前にして彼女が体験している情緒は母親の死に際して体験してきた情緒と等価のものであるという視点から、患者の抑うつを〈母の死〉に関連付けて定式化しようとした。しかし、彼女はその見方を強固に否定し、困惑しながら「抑うつ状態になると鏡の中の自分がボーイフレンドに見える」ことを訴えた。その言葉に意表を突かれ驚きを隠せなかった北山の反応に彼女は不機嫌になった。このセッションの後、彼女が治療を求めてやって来た主訴にあたる部分が取り扱われることになる。

27回目　治療の中期の頃から、彼女は、「調子はいいです」「元気にしていました」といった言葉からセッションを始めている。それは傷つきやすい母親に配慮してきた彼女の気遣いであり治療への協力的な姿勢が感じられるところであるのだが、このセッションの「元気です」という言葉には、拒絶的な響きがあった。彼女は、前回、北山が驚いた表情を見せたことに苛立ちながらも、鏡の中の自分が男性のように見えること、そのことで自分はレズビアンなのではないかと思ってきたことを改めて語り、それは異常ではないかと北山に尋ねた。さらに彼女は抑うつ状態の時に、母親や母親の代理の女性に「ボーイフレンドが自分にしたこと」をしてしまうのではないかと怯えて、誰にも接したくなかったと語った。北山が、それがどんなことであったかを尋ねると、彼女はためらいながら、ボーイフレンドと性的な行為をした時の素晴らしい感覚を母親にも味わってもらい、もっと元気になって欲しいと望んでいたことを打ち明けた。北山は、そのファンタジーを、死にゆく母親を死の淵から救い出し、取り戻したいという彼女の〈子ども〉の部分が抱いた願望が視覚的に体験されていたこと、そして、それを目にした彼女の〈大人〉の部分はセックスに付随する親子や男女といった境界を意識し怖がり、抑うつ的になったことを解釈した。これはこの治療のハイライトとも言うべき場面であり、北山のこの解釈によって彼女は、〈言うに言えない〉体験の背後にあった「意味」を理解し、納得することができたのである。

28回目　彼女は、「ずっと元気でした」と話し始め、前回に引き続き、自分が男性のように感じたことについてさらに理解を深めることを望んだ。北山が、その時起こったことをより詳細に話すことを求めたのに対し、彼女は、かなり強い抵抗感を訴えながらも、鏡の中の自分の身体が男性に変わり陰部にはペニスまで見えたこと、そして、男性器を持った自分が、女性と性的な関係を持ってしまうことを恐れるあまり、自分の周囲に誰も寄せ付けないようにしたことを言葉にした。彼女が鏡の中に見たものは、死にゆく母親を生き返らせたい、という内的な願望が意識から分裂排除され、ボーイフレンドに投映されて外部にうつし出されたものと思われる。それは、2回目のセッションで語られた、抑うつ状態のときに周りの女性が母親に見え戸惑ったということと同様の機序で生じていたものであるだろう。

ここで治療者は、〈全ては、あなたの心の中で起こっているのです〉と、その体験を内的現実として外的現実から分けると同時に、それが、死につつある母親を生き生きさせ母親と特別なつながりを得ようと望む彼女なりの方法であったことを解釈した。

29回目　鏡の中で、なぜ男性になってしまうのかについて話し合った前回のセッション以降、彼女はどんなに気分が良かったかを強調し、「先生と話し合えたことで助けられました」と語った。このセッションでは、これまでの治療が振り返られ、彼女の「罪悪感」の問題が取り扱われた。彼女は幼いころから、自分の存在や言動によって母親を傷つけ殺してしまうのではないかというファンタジーに苛まれてきた。彼女が「母の死と私のうつ病は関係ない、私は母親が死ぬ前からうつ病だった」としばしば語ったのは、母親の死と自分がうつ病になったことが関連していると考えることでさえ母親を責めることのように感じ、あえてそれを否定せずにはいられなかったからであった。母の病いは彼女の〈罪〉ではなく、彼女はそれを〈押し付けられ〉た不条理さに憤りを感じながらも愛する対象を損なってしまう〈罪〉の重さに怯え、母親に負担を掛けるような行為に自ら〈禁止〉を課してきた。そして母親の死が現実となった後にも、彼女はその〈禁止〉を解くことなく、心の中の〈母親〉を守り続けていた。そうすることによって自らの犯した〈罪〉を否認し、迫害的な罪悪感を心の中から排除しようとしていたのである。北山

郵便はがき

料金受取人払郵便

本郷局承認

2074

差出有効期間
2019年10月
9日まで

113-8790

東京都文京区
本郷2丁目20番7号

みすず書房営業部
行

通信欄

(ご意見・ご感想などお寄せください．小社ウェブサイトでご紹介させていただく場合がございます．あらかじめご了承ください．)

読者カード

みすず書房の本をご愛読いただき，まことにありがとうございます.

お求めいただいた書籍タイトル

ご購入書店は

・新刊をご案内する「パブリッシャーズ・レビュー みすず書房の本棚」(年4回 3月・6月・9月・12月刊，無料）をご希望の方にお送りいたします.

(希望する／希望しない)

★ご希望の方は下の「ご住所」欄も必ず記入してください.

・「みすず書房図書目録」最新版をご希望の方にお送りいたします.

(希望する／希望しない)

★ご希望の方は下の「ご住所」欄も必ず記入してください.

・新刊・イベントなどをご案内する「みすず書房ニュースレター」(Eメール配信・月2回）をご希望の方にお送りいたします.

(配信を希望する／希望しない)

★ご希望の方は下の「Eメール」欄も必ず記入してください.

・よろしければご関心のジャンルをお知らせください.
(哲学・思想／宗教／心理／社会科学／社会ノンフィクション／教育／歴史／文学／芸術／自然科学／医学)

(ふりがな) お名前　　　　　　　　　　様	〒
ご住所　　都・道・府・県　　　市・区・郡	
電話　　(　　　)	
Eメール	

ご記入いただいた個人情報は正当な目的のためにのみ使用いたします.

ありがとうございました．みすず書房ウェブサイト http://www.msz.co.jp では刊行書の詳細な書誌とともに，新刊，近刊，復刊，イベントなどさまざまなご案内を掲載しています．ご注文・問い合わせにもぜひご利用ください.

は、このようなことを踏まえたうえで、彼女が母親の死の責任を母の治療に当たった〈医師〉に押し付けることで、自らの罪悪感から逃れようとしてきたことを解釈した。彼女はそれを認め、自分が母親を殺したのだと思うと語った。それは、これまでのような〈押し付けられた〉ものではなく、自発的に受け入れられた罪悪感であった。北山は、彼女が母親とのセックスを望んだのは、母親にもう一度元気になってもらうことで自らの罪を償いたかったのだろうと解釈した。このセッションで〈罪悪感〉の問題が取り扱われたことは、強迫的な思考によって否認せざるを得なかった母親の死にまつわるファンタジーを現実的なものに変え母親の〈喪失〉を体験可能なものにするものであり、この治療の終結には欠くことのできないものであったと思われる。

30回目　最後のセッションとなった。それは、患者との性愛化転移に彩られた二者関係の相手役であった北山にとっても喪失の痛みを感じながらのセッションであった。彼女は、自分が元気になったことを喜んだが、北山との別れを直接的に惜しむことはしなかった。そして、北山との治療が終わった後は、集団精神療法に参加する意志を表明した。彼女は、治療で語ったことを振り返り、そこに彼女の内的対象として登場した姉や父親、そして交際相手であったD氏のことを現実的な対象として語りなおした。それは、北山に対してと同様、彼らに対する転移を解消する作業であったように思われる。北山は最後にもう一度、母親との関係を取り上げ、病気の母親を傷つけるような陰性の感情を抱くことに罪悪感を感じ、それを分ってもらえず、一人で泣くしかなかったのだということを解釈した。彼女は母親に対する怒りや憎しみといった情緒を認めながらも「あんなか弱い母に怒りを表すことはできなかった」と共感と思いやりを示した上で、母親には表現できなかった感情を、治療の中で表出できたことの価値を言語化した。最後に北山は、彼女がこの日、喪服のような黒い服に身を包むことで北山との別れを悼んでいるという解釈を与えたのに対して、彼女はその解釈を肯定する微笑を軽い否定の言葉と共に返したと記している。北山との別れが母親の死と等価であったことを思うと、それは、喪失であると同時に自立への歩みでもあり、その対象像は内在化されて心に刻まれていったものと思われる。北山は〈私はあなたから多くのことを学びました〉と伝え治療を終わっている。

〈A病院精神療法サマリー〉

治療の終了後に、北山が本治療をまとめた引き継ぎのための資料であり、集団精神療法に適応するケースであることが記されている。

〈患者のその後についての連絡〉

治療が終結した約2年後に、治療者が症例論文作成のために患者のその後の様子を問い合わせたことに対しての返事である。患者が、集団精神療法を通じて、より積極的な行動がとれるようになったこと、そして、同年代のボーイフレンドと交際するようになったことが記されている。これらの点は、北山との精神療法における大きな達成と言える。

おわりに

北山のA病院における約9ヶ月、30回の治療経過を解説した。彼女は治療の場で、それまでひとりで抱えてきた〈吐きたいのに吐けない〉、〈言うに言えない〉思いや葛藤を言葉にして語れるようになった。また、対象の不在から生じた依存と性愛の混同や、母親の病気という〈環境〉のやむを得ない脆弱性が幼い彼女に与えてしまった罪悪感が取り扱われていく中で、抑うつ状態の時に鏡に映るものの意味が理解されるに至った。そして彼女は母親と分離したひとりの女性として自立へのプロセスへと踏み出すことができたのである。それは彼女の人生において極めて大きな転機となったであろう。最後に、この症例を北山の臨床理論の中で捉えてみたい。この治療は、ブリーフ・サイコセラピーではないが、北山の留学期間に合わせて治療期間が設定されていた。北山は、帰国後に英国での臨床体験から『精神療法と時間的要因』[4]という3部からなる論文を著し、期限設定が治療関係におよぼす心理的作用を検討している。そこでは、「限られた時間」での治療の特徴が、期限を定めない治療である精神分析との対比において考察され、その特徴について、治療目標の限定や治療者・患者双方の治療に対する能動性や積極性といった点から述べられている。本症例において、当初、治療への動機づけは、患者の抑うつや強迫的な思考といった点にあったが、そこで取り扱われたものはオモテに顕れていた症状に限ったものではなく、彼女の早期の母子関係やそこから派生する対象関係の混乱といったパーソナリティに深くかかわる部分であった。この治療において、「限られた時間」という時間的要因が最も深くかかわった点は、その〈有限性〉が〈時が来れば喪われていく〉という意味で喪失や死と結びつき、治療者との別れが、彼女にとっての基本的葛藤の中心にあった〈母の死〉と等価のものとなって体験されたところにあるだろう。北山は、〝時間には外傷体験の記憶や情緒的な経験とむすびついている側面があり、自己の時間感覚を基礎において〈時間〉について考えることそのものが、抑うつ的不安やアンビバレンスを生じさせる時がある〟と述べ、それを幼児期における時間感覚の発生にかかわる問題と捉えている。後に北山は、〈時間〉にまつわる不安や葛藤についての理解を深めるための素材として昔話『浦島太郎』を取り上げた。北山は、この昔話を、初めは乙姫（母親）との無時間的な時間を生きていた浦島（子ども）が、やがて外的な〈時間〉を受け入れざるを得なくなる中で、理想化された幻想的世界の取り返しのつかない幻滅を体験するという、自我の現実認識の発達の過程の物語として捉えた。また、そこで課される〈乙姫の禁止〉は、〈良き母〉への幻滅を先に延ばそうとするものであり、この〈禁止〉を犯すことは、対象喪失と悲哀、さらには自己の崩壊や死という事態にもなりかねないことを、帰郷した浦島の体験として示唆している。さらに北山は、ここに見られる〈禁止の違反－別離〉の形式を表すものとして、日本神話における〈イザナギ〉と〈イザナミ〉や「夕鶴」などの〈異類婚姻説話〉を取り上げ、そこに〈美しく豊穣な〉母親のもつ性的な部分や不浄な部分という〈醜い（見にくい）もの〉を覗き見てしまったことで生じる幻滅と別離の物語を見出している。これは、〈見るなの禁止〉として北山理論の中心的な論点へと発展していく原点であった。

症例論文の中で、北山は患者が母親を傷つけるような言動や母親に対する陰性感情を体験することを〈禁止〉することで、〈死にゆく母親〉の存在や、そこに生じる悲哀や罪悪感といった情緒を否認しようとする防衛を〈乙姫の禁止〉として捉えている。患者は、母親の不在を代理的な対象によって否認し、母親と性的につながるという幻想を抱いてまで母親との無時間的な関係に留まり続けようとしていた。北山は、このような患者との治療の中で、彼女の「禁止」を外傷的になることなく徐々に解き、母親の死と喪失、そしてその背後にあった罪悪感に触れ、それについて考えることができるようになっていくことで彼女の中で滞っていた〈時間〉を再び動かしていったと捉えることができる。そこには、後年の北山の臨床的なあり方がすでに顕れており、北山の一貫性を改めて感じるところである。

この症例を検討した際に、北山は治療が終ってからの40年間、彼女はどのような人生を送っただろうかと懐かしそうに何度も呟き、母国語の違いというハンディのある若い外国人医師であった自分に、彼女はよくこんなことを話してくれたと何度も感謝した。しかし、その一方で、彼女が、ここまで内的な世界を忌憚なく話せたのは、北山が、治療が終わったらもう二度と会うことはないであろう行きずりの外国人だったからではなかったかとも語った。

行きずりだからこそ、深くかかわれたのかもしれない。そして、時間が限られていた治療だったからこそ、「有限」な時間を生きる中で生じる別れや幻滅といった普遍的な思索が為されたのかもしれない。治療関係そのものは有限であるが、その出会いは内在化され、やがて主体の一部となって心に刻まれていくことをこの症例は改めて考えさせてくれる。そう思って、もう一度この症例を振り返るが、ここに記すことができたのはわずかであり、愛情と性と死という生の根源に根ざした葛藤を扱ったこの治療からはまだまだ学ぶことが多い。

注

（1）劇化――ウィニコットが臨床を描写するために使用した用語。患者の内的世界が治療者を相手に治療場面に現出し、治療者はそこに与えられた役割を担うことで、言語的に転移を解釈するのではなく転移を再び生きるという状況が展開する。

（2）二重性――北山理論の中心的な視点の一つであり、ものごとを「あれか、これか」のどちらかに分けて捉えるのではなく、「あれと、これと」という相容れない矛盾を含んだ割り切れないものとして捉える視点。本症例の場合、「子どもの部分」と「大人の部分」は、いずれも患者の中に併存し、彼女はどちらにも割り切れないその間で葛藤し抑うつ的になっていた。

（３）holding――ウィニコットが育児の重要な側面をとらえたもので、母親や母親代理者が依存する子どもをその腕に抱きかかえて、これを一貫して支えることを指す。治療場面においては、まず治療の場を設定し、感受性が豊かであてになる環境を提供し続けることがその実践となる。

（４）北山修（1979）：「精神療法と時間的要因　その１　期間の限定された治療の経験」、「精神分析研究」vol. 23, No. 2（71〜77）

北山修（1979）：「精神療法と時間的要因　その２　治療者の問題」、「精神分析研究」vol. 25, No. 2（78〜84）

北山修（1981）：「精神療法と時間的要因　その３　転移逆転移における「乙姫の禁止」」、「精神分析研究」vol. 25, No. 1（1981）1〜10）

参考文献

北山修（1978）：「Ａ病院外来精神療法ユニット」（本書204〜214頁に収録。元の報告は「精神医学」20〔1〕が初出）

北山修（1982）：『悲劇の発生論』金剛出版

北山修（1988）：『心の消化と排出――文字通りの体験が比喩になる過程』創元社

北山修（2007）：『劇的な精神分析入門』みすず書房

Freud,S.（1931）：「女性の性について」、『フロイト全集20』岩波書店、２０１１年

Fairbarn. W. R. D.（1944）：「対象関係から見た内的精神構造」、『人格の精神分析学的研究』山口泰司訳、文化書房博文社、１９９２年

〔症例論文〕

同性愛的な強迫観念をもった女性症例

――精神分析的観点からみた治療者の「うけ・こたえ」の過程

北山　修

Ⅰ　症例の概要

〈患者〉29歳、女性、秘書。

〈主訴〉「うつ病」の再発の不安と、自分が同性愛ではないかという強迫的な観念に悩む。

〈現病歴〉10年前に「抑うつ神経症」になり、その後数回の再発があった。1年前に開業医に紹介されて外来における抗うつ剤の治療を受けたが、外来担当医により精神療法の必要性が考慮された。

〈家族歴〉中年の男性と同棲中。母親は本人の誕生以前より「心臓発作」を経験しており、入退院をくり返した後に4年前66歳で死亡。父（67歳）と妹（3歳下）についての情報は多くなかった。

〈診断面接者の意見〉性的な内容をもつ強迫神経症。多くを語らないため、具体的な内容は不明。協力的で、精神療法の「適応」と判断された。

〈精神療法の構造上の特徴〉1回50分、週1回。対面法。期間設定（治療者には1年後に職場を変更する予定があり、そのことが治療の初期に患者に伝えられた）。期間の設定された精神療法から生まれるさまざまな問題については、拙論を参考にしていただきたい。（『精神療法と時間的要因』精神分析研究、Vol. 23, No. 2,〔1979〕71～84）

Ⅱ　治療経過

第1回

（こぎれいな身なり、中肉中背。）イスにすわった彼女は、治療者にむかって何か言おうとするのだが、しばらくただ口をパクパクさせるだけだった。話したいことがあるのに話せないときの焦りが私に伝わってきた。「どんなことでもいいから話してみてください」と治療者がひとこと言ってから5分くらいの時間がたって、彼女は「おかしなことを考えている」と言った。再び、数分の沈黙が続いて、「気分が悪いときに鏡を見ると、自分が違ってみえるんです」と言った。もう少し細かな事情が語られるのを待ってみたところ、吐きすてるように「バカなことです」と言うだけで多くを語りたがらなかった彼女が、最後にやっとのことで「ゆううつなときに女性にひかれる」と、その言うに言えない体験の一部を表現することができたのである。

［彼女は吐き出したいことがあるのに吐けないという印象を私に与えた。「吐く」は、体内にあるものを外へ出すことであり、心のなかの事を口に出して言うことでもある。吐きたいのは悪心（吐気）をおぼえるからで、吐けないのは（本人にとっても誰にとっても）その内容が気持の悪いものであるからだと思うが、この視点はこの症例の強迫神経症の理解のために重要であろう。］

第2回

前回にくらべて少しは口数が多くなった。彼女の抑うつ的な気分と、性的な問題との関係が話題の中心になった。18歳のときボーイフレンドとはじめて肉体関係をもったのだが、その3ヶ月後、急に気分がおちこんで、それと同時に「自分が同性愛じゃないか」という強迫観念が生まれたという。そして、現在の恋人である中年の男性とは性的な関係をもちたくないと思う彼女は、彼が「母親のように見える」ことをうちあけた。母親についての話をすることをすすめてみたところ、患者がはじめてひどい抑うつ状態になったのは母親が心臓発作をおこしたときであり、それがちょうど男友達と肉体関係をもったときでもあったことが明らかになった。そして、彼女が「（病気の）母親を心配させたくないので、心のなかをうちあけられない」という葛藤状態におかれたことも思い出された。

第3回

「話すのがつらい」とつぶやいて、30分くらい泣きつづけるだけの沈黙が続いた。語られたわずかな言葉のなかで治療状況を反映していたのは、「気分の悪いときに、それがどんなにつらいかを、病気の母親には話せなかったんです」という言葉である。「母親に抱いてもらいたかったけど、それが言えなかった」と言う彼女に対して、「（治療者に）

言うに言えない気持を話すことなしにわかってもらいたい」という気持を指摘した。それまで口数の少なかった彼女は「そうです」と顔をあげて、母親に理由のない怒りを感じていたことを思い出した。治療者が「ここでもそうでしょう」と言うと、彼女は「(治療者が)助けになっていない」とこたえてうなずいた。

〔彼女の言いたいけれど言えない気持とは、(母親を含めた)私たちに対する悪感情であることを、私は理解しているつもりだった。〕

第4回

「どんどん悪くなってくる」と言いながらイスにすわった彼女は、からだを小刻みにふるわせて、「ここに来たくなかった。しかし、言いたいことがあったので、やって来た。でも、今は何も言いたくない」と語った。「言いたい気持と言いたくない気持」の葛藤がからだをふるわせていることを示唆して、治療者は、母に対しても同じような立場に「母親を心配させたくない」彼女がおかれていたという彼女の記憶に結びつけた。この指摘に対して、「あ、震えがとまった」と言って安堵の表情をみせた。話題は、「話さずに、気持をわかってもらいたい」「何も話すことなくおりたい」の問題に集中したが、結局、口をあけるが言葉にならないという状態が再現して、この面接は終了した。

第5回

前回の面接で言えなかったことを「話したい」と言って彼女ははじめた。それは、テレビジョンを見ていたときの体験で、画面のなかでは男性が女性を愛撫していたのであるが、患者は「女性にしがみつく男性」を見ながら、自分もその女性を愛撫しているように感じたのである。「母親にしがみついているような感じ」と言う彼女に、幼児期にひとりぼっちでいた記憶について治療者がたずねたところ、「ひとりでおいておかれると、いつも泣いていたらしい」という話や、母親が「ずる賢い赤ん坊だった」と言っていたことも思い出した。この話はさらに、母親に怒りを感じて食物を拒否したという体験、さらに赤ん坊のとき摂食障害のために医者につれていかれたという話を母親からきかされたことがあるというような話題につながっていった。

〔治療者の関心は、患者の現在の体験と過去の記憶の間をゆれ動いていた。彼女もそれに従ってさまざまな連想を語れるようになり、会話のとぎれることが少なくなってきた。〕

第6回

母親が心臓発作で入院したことをきっかけにして5歳の彼女が妹とともに叔父の家に預けられたときの体験が、自発的に語られた。その家で当時17歳であった従兄となかよくなり、彼とふざけあっているうちに、彼女は彼の男性器にさわったり見たりすることに喜びを感じるようになったという。治療者は、彼自身とその性器が母親やその乳房の代用品になっていたことをとりあげたが、この解釈は受けいれられなかったし彼女を当惑させるだけであった。

〔おしつけがましい解釈であるが、正しい解釈であったと今でも思う。「解釈のしようで、どうにでもとれる」ものであるかもしれないが、5歳の少女が男性器をもて遊んだという記憶は、その男性器が母親の乳房の代用物であったという解釈によって受けいれられやすいものになる。しかし、わかったらすぐにそれを口にする態度は治療者の受けいれのなさとおしつけがましさを表わしている。〕

第7回

病院で他の患者に「（ここにやってくるほどの）値うちはあるのかい？」ときかれて、急に怒りを感じはじめたという。治療者が、それが治療と治療者自身に向けられた感情であることを指摘すると、彼女は「（治療者が）何もしてくれないこと」についての不満をぶつけてきた。特に前回、「誰にも話さなかったこと」「私的なこと」をうちあけてしまったのに、わからない解釈をおしつけられたことに怒りを感じたという。治療者は、母親に対する感情がそのまま異性の対象に向けられるときに依存欲求が「性的」なものになることを、よくかみくだいて解説した。「よくわかった」という彼女は、「先生は（まだ私に）来て欲しいと思っています？」と質問した。言ってはいけないことを言ってしまったという彼女の罪悪感に対して、治療者はうなずいて「お願いします」と答えた。

〔彼女の不満の表現に対して治療者は気を悪くしていないつもりだった。しかし、本当は私も何らかの陰性感情を抱いていたわけで、だからこそ彼女を傷つけることのないように、「また来て下さい」というような意味のことを言わざるをえなかったのである。〕

第8回

治療者に対する怒りの表現が続き、彼女の母親が死んだときに「何も感じなかった」ことや、母親の死を思い出すたびに怒りを覚えることについて語った。そして、（治療者を含めた）医者たちに母親を殺した責任があるという連想について患者に尋ねると、彼女は「母が死んだことと私のうつ病は無関係なんです」と言って涙を流しはじめた。「（なぜなら）母が死ぬ前にうつ病になったんですよ。……私は、母がそんなに病気だとは知らなかった」。そして急に大声で泣きくずれて、「父は、私が悪いと言うんですよ」と言った。彼女が5歳のときに母が心臓発作をおこしているのだが、原因は夜遅くまで娘のドレスをなおしたことによる過労が原因だったというのである。それで、彼女は深い罪悪感を感じてしまった。面接の後半は「あんなことはすべきでなかった」と言いながら涙をながしつづけて、最後に顔をあげ「また来てもいいですか」と私にきいた。私は「お願いします」とこたえた。

〔空想のなかでは、彼女は母親を殺していたのである。彼女の「また来てもいいですか」は、彼女が私に「（母に対してやったような）いけないことをやりましたか」の質問であり、「どうぞ来て下さい」は治療者が「元気です」とこたえたことになる。ところが、このあと私は正真正銘のカゼをひいて、次の面接を休んでしまう。〕

〔母子関係と治療者・患者関係を理解するために、次のことを指摘しておきたい。彼女には子どものときから、してはならないことや言ってはならないことの禁止が課されていた。理由は、それが母親の喪失（死）につながるからであるが、このような人間関係の特徴を筆者は「乙姫の禁止」と呼んでいる。浦島伝説においては、「玉手箱を開いてはならない」という乙姫との誓約に違反した主人公は理想的女性像の喪失を体験するが、治療関係における「乙姫の禁止」を治療者はそういうことのないように慎重に解かねばならなかった。彼女の主観的な家族力動のなかで、時がくれば体験されるはずの「母の死」を話題にしたりそれに直面することが禁止されていたのであろう。禁止に違反した彼女はつねに「（時間的に）とりかえしがつかない」危機的状況に直面せねばならなかったのだが、これは「乙姫の禁止」の典型的な例である。〕

第9回

（治療者の都合で1回休みの後）怒りの表現が続く。前回の面接のあと気分はよくなったけれど、治療のキャンセルをきっかけにして、前回の治療で混乱した患者に対して（治療者が）もう来てもらいたくないと感じているのではないかと、彼女は心配しはじめたのである。治療者を失うという体験が、彼女の怒りを強めて、その怒りが治療者に嫌われているという心配になって彼女の罪悪感をひきおこすという、投影の構造を治療者は日常的な言葉で説明した。

彼女は、私の説明から多くを得て、「私がゆううつになるとき、全世界が私に（敵意をもって）向かってくる……私が怒ると、先生も怒っているように見える」というしくみを体験的に理解していった。

〔「ここでは、治療者は、なんとか「手がかり」や「手応え」を正確に与えることにつとめて、一生懸命に話しつづける彼女の欲求不満・怒りに対処しようとしたのである。日本語の「話す」は「放す」であり、ここでは彼女の話すことそのものが、自分自身の一部を失うような体験になっていたのかもしれない。〕

第10回

欲求不満がつのる。「先週の話が理解できなかった」と言う彼女に、「(治療者が)あなたの欲しいものを与えていないと感じているからでしょう」と解釈した。彼女は話よりも薬物を要求したが、それが無理だとわかると、話題を変えて父親に対する気持を語りはじめた。彼女は親の家を訪れるたびに父親と親密になりたいと思うのであるが、父はいつも彼女の愛情を拒否して彼女の気持を害していたという。治療者は彼女が治療者に対しても同じ気持を抱いていることを指摘したが、それに同意する彼女はその背景にある母親との問題についての理解を受けいれなかった。そして最後に、中年の男性とは別れるつもりであるという決心を語った。

〔母との問題と父親との問題の病的な混乱を、彼女はなんとか整理しようとしていたのであろう。〕

第11回

(それまで中年の男性といっしょだった彼女が、初めてひとりでやってきた。) 10分ほどの沈黙の後、「私にもう少し性的魅力があればいいのになあ」と言って、少女の頃、医師に対して乳房を隠したくなったときの体験を語った。「恥しかった」と言う彼女に、子どもでいたいという気持と、乳房を見せて異性としての関係をもちたいという気持の併存を治療者が指摘すると、彼女はどちらか片方だけは肯定的にとりあげることができた。しかし、彼女は「性はきたない」と言って、中年の男性といるときは快適だが、同世代に対してはうまくいかないことを強調した。治療者は、年上の男性とはコドモでいられるが、同世代の男性とは性的にオトナにならねばならないと感じていることを指摘して、少女のときの従兄との関係は、母親との関係の繰り返しであると同時に初めての異性体験であったという可能性を提示した。これに対しては部分的に同意するものの、彼女は現在の同性愛的不安や母の死との結びつきを否定した。

第12回

母親のような存在であった中年の男性との関係を打ちきろうとしつつあることを述べて、彼との性的関係についての具体的内容に話題が集中した。彼女は彼との最後的な肉体的結合を避けながら肉体的関係をもっていたが、治療者は彼女が彼の男性器を母親の乳房のように取扱っていることを示唆した。そして、このような乳房と男性器との混同が幼児期からのものであることがわかりかけると、「みんなは母が私を産むべきでなかったと言う。私が母を殺したんだ」と言って泣いた。そして、「このことは私のうつ病と関係はない。私は母の死について、本当に死んでしまうまで考えたことはない」とつけ加えた。

第13回

「何も話したくない」と言って口をつぐんだまま40分以上がすぎてしまった。「子ども時代のことは話したくない……苦痛だから」そして、「先週泣いたとき、抱いてほしかった」と言った。治療者が「母親として?」と言うと、彼女は「いいえ」と答えた。「恋人として?」とたずねると、「そう」とうなずいた。

〔話したくないことを話さないでおけるようになったという点で、治療初期の沈黙とは意味が異なる。〕

第14回

「気分がいい」のひとことで始まった。非常につらそうに、彼女は治療者と性行為を行なう場面を空想したことについて語って、「患者がこのように感じるのは当然でしょ」と言った。それに続いて、彼女が母親に対して性的に興奮したという問題が語られたが、母親に対する感情にはつねに怒りが伴っており、さらに「身体が私のものでないように感じた」ともいう。彼女は「怒って興奮している怪物が自分のなかにいる」と述べたが、治療者に対する同様の感情とこのあとの休暇との結びつきは否定された。

〔愛の対象を失うことに対する性愛的な空想による防衛が進行していたようである。〕

第15回

(3週間の休みの後)5歳のときの従兄との体験について再び語りはじめた。「(治療者は)彼が両親のかわりになったと言ってたけど、正しいと思うわ……休みの間、従兄のことを考えてた」と言う彼女に、両親の不在と治療者の不在の等価であることを指摘すると、「他にもいろんなお医者さんについて思い出したけど」と答えた。そして、父親に対する感情の複雑さにも触れて、彼女の最初の男友達が父親と同じ名前をもっていたことも思い出された。そして、この男友達とも最終的な肉体関係には至らず、その直前までの性交渉を楽しんだという。そして「彼が私に触れたとき、従兄のことを思いだした。素敵だったわ」と言った。

〔たしかに、彼女の異性体験はつねに母親との別離に対する防衛として利用されていたのである。〕

第16回

週末に父親に会いにいった。いつもなら不愉快になるのだが、今回は非常に楽しかったという。母が病気だったときの話を父としたが、母親を病院に置いておきたくなかったと父が言ったとき、彼女は「私のほうはどうなの?」と思ったという。「嫉妬していたのかもしれない」と彼女は言い添えた。その三角関係が「性的なものじゃない」ことをあまりに強調するので、治療者は「性」という言葉は決して性交だけを意味するのではないことを説明して彼女の「性についてのこだわり」を指摘した。これに対して「そう……私は彼の愛情が欲しかったの」とこたえた彼女は、母の死後すぐに父がつきあいはじめた女性が好きでなかったことや、父親の人間臭い面を受け入れられなかったことについての洞察を深めていった。どうして、休みが終ってから彼女が自由に話せるようになったかについては、治療者についての性的な空想をもたなくなったからだとこたえた。

第17回

（彼女の旅行による2週間の休みの後）旅行中に妹とその家族に会い、楽しいひとときをすごした。彼女は妹に対して知的能力や美貌の点で劣等感と羨望を抱いており、妹と一緒に会った男性の面前で「自信のなさ」のために赤面してしまった。この話のなかで彼女は「バカでしょう」「バカバカしい」というような自嘲的な言葉をしきりにつかうので、彼女の治療者に対する劣等感を指摘した。そのことで、旅行中に会った男性が歯科医であることがわかり、「性についてこだわっている」と言った初診の医師に対する劣等感に話題はつながって、「彼の言ったことは正しいかもしれない」「私はいつも愛されたいんです。愛する人が欲しい」と言った。

第18回

とても流暢に外傷的な体験を話せるようになった。彼女は21歳のとき初めての本格的性交渉をもったが、両親に内緒で外泊して「母が何と言うか心配だった」。彼のところへ行ったのは「愛する人がほしかった」からである。性体験により「おとなになった」と感じた彼女は次の日、どこにいたかを母親に話したところ、母は悲しそうな顔をして何も言わなかったという。治療者は、愛情欲求と「母を心配させる」ことの間に生まれてしまった葛藤をとりあげたが、治療者の解釈に対する彼女の態度はとても肯定的であった。

〔おそらく、母親を心配させたくないのと同じ気持で、治療者にも気をつかっていたのであろう。〕

第19回

週末に父親に会った。父は彼女に洋服を買ってやろうとしたのだが、そのことで彼女はとても気分を害して、父に会うために来たのであり、プレゼントをもらうためではないことを主張した。思春期の頃から彼女は「父に対してアンチになった」という。治療者はその時期が性に関する興味がはっきりしてくるときであることを指摘して、父親の性的な側面（性器を含めて）に対する興味と嫌悪感について話しあった。最後に治療者は、プレゼントのかわりに欲しかったものが（象徴的な意味で）ペニスであることを指摘した。すると彼女は、「そう」と答えて、「恥ずかしい」と言いながらうなずいたようだが、反応ははっきりしなかった。

［このあたりでは、治療者の側にも精神分析的発達理論についてのこだわりが生まれており、よく消化されていないものを彼女におしつける傾向があった。今度は、彼女のほうが私を理解する番で、次第に積極的になっていく。こんなことが可能になったのは、もちろん彼女の「健康さ」のおかげであり、患者は治療者のこういった失敗をうまくきりぬけてくれた。］

第20回

前回にひき続いて、父親から愛を得たいという気持と「性的にもとめていたのではない」というこだわりとが話された。子ども時代から「自分よりも賢い妹を愛している父親」に対して、自分が「一人前の女の子」であることを示そうとしてきたが、「いまでも父は私を子ども扱いする」のである。父親に対する依存欲求と異性としての感情がどちらも強すぎるために彼女が混乱させていることを指摘すると、彼女は後者に抵抗を感じてどうしてもこだわってしまうのである。最後に、彼女の幼い頃、裸の男女が抱きあっているところを見て非常に恐ろしくなったことが思い出された。それが両親の姿でありそのために性的関係についての彼女の恐怖やこだわりを生んでいることを治療者が示唆したところ、部屋の扉をしめて音や声を聞かないようにしたという記憶が浮かびあがってきた。彼女の原光景の体験は、「恐ろしくて叫んでしまった」というくらいに外傷的なものであったのである。

［このあたりで、彼女の強迫的な観念とは、言うに言えないものであり、だからといって忘れるわけにもいかないものであるということができる。身体的な表現をつかえば、吐きだすこともできないし、のみこむこともできないのである。だからこそ、「腑におちない」「胸につかえる」ということになる。］

第21回

（泣くこともなく、よどむこともなく話す。）まず「気分はいい」「しかし、先週、みじめな気分になった」「でも、ひとりで泣くことができたんですよ」と言う。「精神療法に関係があるだろうか？」と私が尋ねると、彼女は「そう、あなたに関係があるんです」と言って治療開始からの治療者に対する気持を次のように描写した。最初は治療者に性的な好意を抱いたが、次にそれが受けいれてもらえなくて憎しみを感じるようになり、心のなかから治療者をとり除こうとして心を痛めた。そして先週、自分がみじめになって、「あなたのことを考えていた。あなたに抱いてもらいたかったんです」。治療者は彼女の反応を治療の中断と終結に関連づけて、それを母親の喪失や父親に嫌われたことと同様の意味を伴って体験していることを指摘したが、すぐには受けいれられないようであった。

第22回

治療者との別離は受けいれられるようになったと述べてから、「私は母の死を許せなかった……でも、今は母が死んでしまったことを理解しているつもり」と言って彼女はほほえんだ。そして、私たちが別れた後、彼女がどうするかを話しあった。私は集団精神療法の可能性を示唆していたが、彼女はグループで何がおこるかわからないので不安になっていた。このことから、母親が病気のとき医者が心臓病の予後について何も言わなかったときの怒りに連想は結びついていった。「医者は私をバカ者扱いした」と彼女は言うが、実際のところは、彼女が「何も知らない」子どものとき、「何でも知っている」両親が彼女をバカと思うことを非常に恐れていたのである。

［このあたりで、治療者の話したことを、その場では理解できなくとも、次の回にはよく咀嚼しているというような変化がおこりはじめた。］

第23回

自発的に精神療法で体験したことを要約して語ってから、性的な困難について話しはじめた。親のような関係にある中年の男性から独立しはじめているときであり、「おとなになろうとしている」のだが、彼の方はそういう彼女が気にいらないらしい。そして、彼女は「セックスのためにだけ近づく」同世代の男性を好まないし、そういう彼らとはうまくいかないという。「私は自分を誰かのためにとっておこうとしているというわけです」という彼女に、治療者が「お父さんのため」であることを示唆すると、彼女はその意味を理解して、彼女の初恋の男の子が父親と同じ名前であったことを再び思い出した。

第24回

前回は父親のことを話しあったが、今回は「男の子たち」とうまくいかないのは母親に関係があるという話からはじまった。「母を心配させたくないから」性について母親と話すことを避けようとしてきたと彼女は思うのである。今や彼女は、母親のような年上の男性に子供のように扱われることではなく、ふつうの男性との女としてのつきあいを望むようになった。「外に出て誰かをハントすることもできるが、それはしたくない。依存したくないから、ひとりでなんとかやってみたい」と彼女は言った。よくきいてみるとこれまでつきあっていた男性との性的行為のなかでは、やはり彼女は彼の男性器を母親の乳房のように扱っていたのである。彼女の高まる性的欲求不満は、治療者との別離、中年の男性からの独立、内的な母親からの分離によるものであることを治療者は解釈したが、彼女はそれを肯定的に受けとめることができた。

第25回

内容的にはこれまでの繰り返しであった。母親の死について語り合い、1ヶ月に近い夏休みが「長すぎる」ことで怒りも表現された。さらに、集団精神療法についての不安と、いつも「やってみなければわからない」という態度を示す医師たちに対する怒りもとりあげられた。治療者も、一度「わかった」「受けいれられる」と表現されたようなことでも、何度も繰り返して話しあう必要があると感じていた。

第26回

（1ヶ月の休みの後）夏休みの間、彼女は元気だったという。私たちは、母親の死と彼女の「うつ病」との関係について話しあった。彼女は「まったく関係ないと思うわ。ゆううつになると、私はボーイフレンドに似てくるのよ」と言った。つまり、鏡のなかを見ると彼女自身にかわって彼女の恋人があらわれ、自分が男性になったように感じて、非常に恐ろしくなるのである。治療者はその異常な体験がうまくのみこめない驚きを単純に表現したのであるが、これに対して彼女は不機嫌そうに「男になりたくないんです。私は正常でしょ。でも、ボーイフレンドに似てきたと感じると恐ろしくなるんです」と話した。

〔治療者は、（幼児期の空想のなかと現実の）母親の死と彼女の「うつ病」との結びつきを確信していたが、同性愛的な強迫観念の内容を具体的に理解することができなかった。そのための治療者の驚きが彼女の「異常ではないか」という不安を強めて不機嫌にさせてしまったのであろう。しかし、よく考えてみれば、彼女の異常な体験の一部は治療の初期に話されており、充分に予想できるものであった。ただ、治療者のほうに、それを受けいれるための完全な用意が自覚されていなかったことが問題になるだろう。〕

第27回

「私のいうことを信用してなかったでしょ」と言って、治療者の関心を確認してから、彼女は同性愛的な不安体験についてさらに詳しく語ってくれた。自分がレズビアンではないかと思い、恐ろしくなった彼女は「ゆううつ」で母親を含めて女性を避けるようになった。理由は「ボーイフレンドが自分にしたようなことを、私も母親にするのではないかと感じたから」である。その異常な体験をなんとか理解しようとする治療者はまず彼女のボーイフレンドが彼女に何をしたかをたずねたところ、「すてきなものをくれた。自分が美しくて特別な存在になったように感じた」と答えた。治療者はそれが「死にゆく母親」に対してやってあげたかったことであり、目的は「母親をすてきで美しく特別な存在にするため」であったという理解を示した。これが、いつも母親といっしょにいたかった女の子の絶望的な努力であり、「死につつあった母親を生き生きと感じる方法である」という治療者の解釈に対して、彼女は「そんなふうに一度も考えたことがない」と言いながらうなずいた。

第28回

最初に、彼女は「前回の続きを話したい」と言った。しかし、詳しい内容を思い出して細かく描写するためには治療者の励ましが必要だった。やがて、鏡のなかの彼女が男性に変化していく体験が語られ、「見たくないもの」であり自分でも「見ないようにした」が、実は彼女はそれが何であるかを知っていて、それは「男性器をもった女性のような姿だった」と彼女は述べた。このために母親や他の人々に男性的な性行為をするのではないかと恐ろしくなった彼女は、ひとを避けるようになった。治療者は彼女が母親たちにするのではないかと心配した行為について再び尋ねて、「美しく特別な存在のように感じた」といわれるボーイフレンドの彼女に対する行為が、「死んでいく母親」を生かすための方法であり、そういう行為をしたいという欲求を彼女がもたざるをえなくなった過程を説明した。

〔治療者にも患者にも受けいれられなかった異常体験を、まず治療者がなんとか受けいれようとすることをつうじて生まれた治療者の理解と解釈によって、彼女も咀嚼できるようになったのである。〕

第29回

鏡のなかで彼女が男性に変化した体験を話してその理由を少しは理解することができて以来、どんなに気分がよくなったかを話してくれた。「助けになった」と彼女は言った。主に、彼女の母の死に対しての無感動、母親への性欲、妹に対する嫉妬などについて、彼女が母親をあきらめることができなかったという観点から話しあった。そして、治療者は彼女の「医師に対する怒り」を話題としてとりあげて、彼女自身の母親に対する罪悪感について話すようにすすめてみた。彼女自身が母親を殺したように感じていると語ったとき、治療者は「それだからこそ、母親を生かすために性的な行為をしたいと感じるんだね」と言葉をつないだ。続いて、これらのすべての重大な問題が詳しく語られたのは「期間制限」と「治療者との別れ」に関係があることを治療者がとりあげたところ、彼女は別れの準備ができていることを言葉と態度で示した。

第30回

患者・治療者の間の情緒的な緊張関係は消失しつつあった。「本当に元気になった。ひょっとしたらまたゆううつになることがあるかもしれないが、それはあなたがいなくなったことによるものではないと思う」と彼女は言った。治療者は彼女の再発の不安を現実的なものとして受けとめていたので、集団精神療法についての説明を繰り返した。そして治療者は、これまで母親には言ってはいけなかった話を話すことができたのでよくなった点を強調して、特に怒りや憎悪などの陰性の感情を「母親を心配させたり傷つけたりすることなしに話すことができたからですね」と話した。彼女は「それはもちろんあなたが医者だからできたんですよ」とこたえた。そのとき、彼女がいつもとは違う「黒のセーターとスカート」を着ていることに気がついて、治療者はそのことについての指摘を最後の解釈として与えた。すると彼女はその（喪の）意味を肯定する微笑を軽い否定の言葉とともに治療者にかえしたのである。

〈その後・カルテより要約〉

患者は今回報告した治療が終了して2ヶ月後に外来患者のための集団精神療法に参加したが、そのときすでに自分自身についてはとてもよくなったと感じていた。グループのなかでは、私と話しあった問題が再びとりあげられて、それとともに残された外的な対人関係も改善し、約7ヶ月後に集団精神療法は終結したという。それから約5ヶ月後に行われたフォローアップのための面接でも、彼女は元気に生活しており、同世代のボーイフレンドと交際中で、彼女（患者）の話ではその関係はこれまで以上に適当なもののようであったという。

Ⅲ　若干の考察

『広辞苑』（岩波書店）から「吐く」の解説を用例を省略して引用する。

①口の中のものを外に出す。
②胃の中のものを口外に出す。もどす。
③言葉に出す。語る。口外する。
④内にあるものを外へ出す。

吐くことには吐気が伴い、吐くのは「生理的に受けいれられない」という日常的な表現をそのまま理由にしている。吐物は「いや」「悪い」「忌む」「汚穢」などの感情を反射的に刺激するが、おそらく嘔吐は心理・生理的な嫌悪感（悪心 nausea）によるものであろう。

「自我はさし出された対象を、それが快感の源泉である限り自己の自我のなかにとり入れる。一方、自己の内部で不快となるものを自分の外に追い出す」と Freud は述べている（『本能とその運命』）。後者の精神機能である投影 projection の一部が、日本語においては「吐気―吐く」によって表わされるのかもしれない。「吐気」は「気持が悪い」という感情であり、吐きたいもの（こと）の内容も「気持の悪いもの」である。心理・生理的な嘔吐反応を生む嫌悪感や拒否感情の対象となるものには、視覚的にも「醜い（見悪い、見にくい）」「見苦しい」という言葉によってその性格づけがなされている。

心の中でわだかまっている、これらの「気持の悪いこと」を口にするときの一般的な困難を理解するためには、自分の他に相手の存在を考慮する二者関係の心理学が必要である。本症例で「おかしな考え」「バカな考え」として問題になっていたのは鏡のなかの醜い姿であったが、「乙姫の禁止」によって特徴づけられた二者関係におけるこれらの「醜態」の性格は、物語の展開からも読みとることができるのである。浦島伝説における主人公の禁止の違反（犯禁）は、両親の死に続く理想的女性像（乙姫）の世界の幻滅につながる。物語の結末における展開は主人公が心理的に目を蓋いたくなるような事実の連続であり、それに直面することは主人公の死を意味するほどの苦痛を伴い、この二者関係においては主人公の悲劇は乙姫にとっても悲劇であった。犯禁が二者関係の「とりかえしがつかない」破綻につながるという公式をさらに明確にさせるのが、異類女房説話における「見るなの禁止」である。木下順二の戯曲『夕鶴』においても劇的展開のために重要な役割を果たす「見るなの禁止」は、主人公とその母親的女性の悲劇的な別離のための前提である。禁止に違反した主人公の見たものが、理想化された女性像の正体・醜態・恥部であり、「あられもない」として目を蓋いたくなるような事実なのである。このように、たとえ日本人の日本語による物語であっても、禁止のむこう側の光景には「出産外傷」「迫害者」「喪失」などの精神分析的事実が秘められており、未消化（"undigested" W. R. Bion らの表現）のままになっている。

禁じられた言葉を口に出したり、約束を破って覗いたりすることが人間関係の破綻につながるのは物語の世界だけではない。本症例の「女の子」は「知らないうちに」多くの禁止を課されており、それを破ることは母の死に直面することにつながった。禁じられた世界を次々と覗き見てしまった彼女は、いつまでもその体験を吐きだすこともできず、のみこむこともできないままで苦しんでいた。イヤなことを口にすると誰でもイヤな思いをするために、吐き出そうとすればのみこまざるをえなくなり、のみこもうとすれば吐きたくなるのである。〈犯禁―離別〉の恐怖はあまりにも日常的であり、傷つきやすい母親が「子どもがそんなことをする（言う）と死にたくなる」だけではなく、「そんなことを言う子」は「ウチの子ではない」「生んだ覚えはない」というような脅威は、たとえ言語化されていないときでも、医師―患者関係にもちこまれやすい。とくに、傷つきやすい治療者は、イヤなことをいわれたり、自分のイヤな面を露呈するときに、〈犯禁―離別〉の恐怖を実現してしまうのである。

吐いてしまうと心身ともに「楽になる」という常識的な体験も大切であるが、精神分析的な治療が吐かせるだけの露悪的な治療であるという印象を与えているとすればかならず誤解を生むもとになるだろう。今回の報告で示したように、治療者は無理をしてのみこんだり吐いたりさせるのではなく、身になるものを身につけることのできる人間関係の可能性をひらこうとするのである。さらに、心のなかの秘密を何もかも吐き出すことが治療の目的ではなく、うまくのみこめないものだけを口にするようにするための配慮の必要性も強調したつもりである。治療者がいたずらに覗きみると、患者を治療関係から追放してしまうことになるのであるが、これも「見るなの禁止」の物語が教えるところであり、治療者としての筆者の反省でもある。

最後に、相手の気持を汲むことをその仕事のひとつとする治療者は、自分の「吐物」までも患者にぶつけるべきではなかった。治療者も「人の子」である限り完全に避けられないとはいえ、それはどんな理論によっても正当化されない。だからこそ、この事実を前にして今こみあげてくる個人的な思いを、吐露する必要はないと思うのである。

――出典「精神療法」第6巻第2号（1980年4月）

男性症例

外来精神療法部門アセスメント・レポート

Z氏　25歳　外来患者

X－1年10月30日

この患者さんは私（Y医師）にたいへん好印象を与えた方でした。知的水準が高く、協力的で、解釈に対しても良く反応しました。第一印象として、彼は治療を受けることに適した、前向きな患者さんであるように思います。

彼は個人精神療法を望んでおりますが、その後、集団精神療法への参加が必要になる可能性があることに同意しております。

以上により、個人精神療法の適応と判断します。

（X－1年11月5日に記載）

Y

Y医師によるアセスメント面接からの情報

患者：Z氏　25歳の男性

来所経路：X－1年8月、W医師（女性）が診察し、4回の治療で様々な身体症状はある程度まで改善した。その後、本人が症状の心理学的な基盤についての理解を深める援助を希望し、紹介された。

病歴：「子どものときより、いつも神経質で、特に夜はひどい」。時々、「頭痛、めまい、動悸のような身体症状がある」。それが2年程前からひどくなっており、この数ヶ月間は特に苦しくて、胸の痛みは癌のせいだと思い込んでいる。

家族歴：父親：53歳、会社員。「患者に対して攻撃的で意欲的で理想が高く、挑戦的」。また、心気症的とも言える。母親：44歳。医療職として働く。患者には多少近い存在だが、支配的に感じられる。弟：23歳、遠い存在。「家族間の様々なしがらみに、かなり鬱憤が溜まっている」。家族に精神科既往歴はない。

生活史：子どもの頃は、極端にはにかみ屋で、自信がない子どもだった。長く太り過ぎだった。9歳時にオーストラリアへ移住し、その後、精神的に非常に不安定な状態となる。友達らしい友達はひとりもいなかった。15歳で帰国し、X－7年、大学入学のために家を出るが、適応することや、人づきあい合いと仕事とのバランスをとることが非常に難しくなった。

性生活：17歳の時に初めてのセックスを経験するが、インポテンツで、自分が同性愛ではないかと心配するようになった。それで非常にわずかな期間だが精神科を受診する。その後、長続きしない関係を重ねて、昨年、医療職の女性と付き合うようになり、現在は一緒に暮らしている。

職歴：技術者として1年間働いた後、X－2年に公的な資格をとる。それ以後、自信のないことに気を病むことはあるが、仕事の面では成功している。

既往症歴：特になし

病前性格：「非常に几帳面で、イライラしやすい人間」と自ら語る。ひとりでいると不安になるが、人と一緒にいても拒否されたと感じやすい。攻撃性を身体から発散するために空手をやっている。

第1回目　X年1月15日

患者は非常に知的で、明瞭な英語を早口で話す。しっかりした身なりをしている。

患者：調子はいいです。

彼は現在の状態を説明した。身体症状はほとんど消失しており、仕事もうまくいっている。精神療法に興味があるのかと私［北山］が尋ねたところ、彼は「はい」と答えた。一番困っていることは何かの問いには、「自信がないことです」と答えた。

治療者：ここでは、あなたの話したいことは何でも話していいですよ。

彼は、Y医師との診断面接でどのようなやりとりがあったのかを語り始めた。Y医師からは多くのことを指摘されたが、自分の問題が心理的な要因に起因するものであることを示唆され、彼もそれに納得した。また、彼は自分の問題が幼少期に関係しているとも感じた。子どもの頃の彼は精神的にかなり不安定だった。彼が肥満気味であったにもかかわらず、食べることをいつも強要していた母親に腹を立てていたことを思い出した。さらに、彼は頻繁に引越さなくてはならなかったため、親しい友達がひとりもいなかった。特に父親とコミュニケーションがとれないことがストレスだった。

治療者：お父さんとの関係は具体的にはどのようなものだったのですか。

彼の父親は大変な野心家だったので、そのことが彼を悩ませていた。父親を喜ばせるために一生懸命頑張らなければならなかったからである。

それから彼は、これまでの生活歴を手短かに話し始めた。彼は、幼少期からずっと安定感を大切にしており、内気、内向的、受身的といったタイプの子どもだった。9歳の時、両親とともにオーストラリアへ移住し、15歳の時に英国に戻って来た。17歳の時に大学に進学のため、親元を離れてから、ひどく孤独で、しかも重い頭痛が始まった。大学卒業後、好きではなかったエンジニアとして働いていたが、2年前に転職、公的な資格をとって働き始めた。それ以降、仕事はすこぶる順調だった。しかし、最終試験に合格した2年前から、睡眠障害、頭痛、背部痛などの身体症状が発現した。昨年になってそれらが悪化し、Y医師を受診する3ヶ月前までひどく悩まされていた。彼はY医師を気に入っていて、Y医師が行ったひとつの解釈について語ってくれた。Y医師の指摘によれば、彼は精神的不安定さを感じた時に、その状況を回避するための垣根［バリア］をつくるというものであった。

私は、彼が子どもの頃から垣根をつくり始めていたのではないかと示唆した。彼はそれを受け入れ、そして、両親に対して腹を立てていたので、自分と両親との間にも垣根をつくり始めていたと語った。

治療者：ということは、あなたの身体症状は精神的に不安定な状況を回避するためにつくられた垣根なのですね。

患者：その通りです（率直に認めた）。

次回の面接時間と場所を決めた。[1] 最後に彼は私に二つのことを尋ねた。「治療はどのくらい続くのですか？」、そして「先生は毎回の面接のあと、どうなさるのですか？　記録を取るのですか？　私の話したことすべてを覚えておくのはきっと難しいでしょうに」と。最初の質問に対して私は「はっきりとはわかりません」と答えた上で、自分は８ヶ月後にはこの病院を離れる予定であることを伝えた。二つ目の質問に対しては、彼が、私との間でうまくコミュニケーションをとれるかどうかを心配しているのだろうと指摘し、「それもあなたの抱えている問題のひとつなのですね」と返したが、彼は「それは違います」と答えた。

第２回目　X年１月19日

患者：何について話したらいいですか？

治療者：あなたは何について話したいですか？

患者：う～ん、やっぱり先週話した事柄について話すべきなんでしょうねぇ……また父親のことなんですけど。いつも父親に対して腹を立てていました。

彼はどれほど父親に対して腹を立てていたか説明した。そしてひとつの夢を語った。

患者：飛行機事故の夢です。飛行機がコントロールを失い、高層ビルの上をすれすれで飛んでいる。最後に地上に墜落してしまうんです。そして私は、いつも怖くなって目が覚めてしまうのでした。

私は夢の詳細を尋ねた。彼は、自分がその飛行機に乗っていたわけではなく、救いのない状態で、飛行機が墜落するのをただ見ているしかなかったように思うと答えた。そして、私がその夢から何を連想するかと尋ねると、彼は自分がかねてから抱いていた死の恐怖と関連づけた。その夢に関してはそれ以外には何も思い浮かばなかった。

彼が夢について話し始めたのは、恐らくその夢が父親に対する憤りと関係していると感じたからだろうと私は伝えた。

患者：私もそう思うんですけど、どのように関係しているのか見当がつかないんです。

それから彼は、どれほど父親に腹を立てていたかを再び語り始めた。

患者：父は私に過保護でした。決して私を自立させようとしなかったし、むしろ進んであれこれ私の世話を焼こうとしました。そして私もそんな父に頼っていました。父は私に、やれフットボールをしろ、やれ一生懸命勉強しろ、やれ頑張って働け、などとせっついてきました。実際父は自分のフットボールチームをもっていましたが、私は恐ろしく運動音痴だったのです。自分がいかに父親の助けを必要としているかを認めなければならなかったので、私は自分自身に無力感[2]を感じていました。でも、父にそうした自分の問題を話すことはできなかったんです。

治療者：お父さんはあなたを理解してくれなかった、そうですね？

患者：はい、全く。母も私を理解してくれませんでした。母は、私が太っているにもかかわらず食べることを強要しました。だから私は母に対してもひどく腹を立てていたんです。標準体重の弟が羨ましかった。

治療者：誰かが死んでいく夢は、あなたの心の中に非常に攻撃的な部分があるのではないかということを示しているように思いますが。

患者：そう思うんですか？

治療者：はい。なぜなら、その夢はあなた自身が見た夢だからですよ。あなたの心の中のある部分は非常に腹

1　第1回目と2回目以降とでは面接室が異なることが示唆される。北山によれば、当時、他の医師と面接室を共有していたため、治療開始時にはそうしたマネジメントが必要だったようだ。

2　原語は、inadequateで、彼がしばしば語るキーワードのひとつである。他の日本語訳としては、「不十分」「とるに足らない」「ぶざま」「みじめ」「至らなさ」などがあるが、ここでは「無力感」とする。

を立てていて、おそらく誰かを殺してやりたいと思ったのでしょう。

患者：私が両親を殺したがっていたと？　まさか……。両親が私を殺したんですよ。私の人格を抹殺したんです。

治療者：でも、そのことにあなたがどれほど腹を立てていたか、私は容易に想像できます。

患者：ええ。でも私は、自分の怒りを露わにはしていません。そう、先生の言う通りです。私は未だに両親に多くの怒りを感じていますけど、それは両親だけでなく、私に無力感を抱かせた友達に対してもそうなんです。そう、私は今も攻撃的なのかもしれません。車を運転している時などは別人のようになって、非常に激しい攻撃的な運転の仕方をしますから。

そして彼は再び夢について話し始めた。

患者：その飛行機は私を表しているんだと思います。父が私をコントロールして地面に墜落させたんです。

第3回目　X年1月29日

彼は、かなり規則的に見る夢を語ってくれた。つい2日前にもその夢を見たという。それは、寝室の窓に誰かが見えて、その人物が彼の部屋に侵入して自分を襲うのではないかと感じた夢だった。そこで彼は恐ろしくなってとび起き、戦おうとする。目が覚めると誰もいないのにシャドーボクシングをしていることに気がつく。

患者：これは古典的な類の夢だと思うんですが……。

治療者：古典的とはどういうことですか？

患者：つまり、妄想的な夢だと思うんです。

治療者：おそらく、あなたは気が狂いそうだと感じていたのでしょう。

患者：そうです。仕事中にそんなことを考えていました。統合失調症のようになってしまうのではないかと。

ああ、バカバカしい……。
夢の話に戻って、私は彼にその夢からの連想を尋ねた。すると彼は再び、精神的不安定さや自信のないことや、拒否される不安などに関連づけた。
それから、彼は拒否される恐怖について説明し始めた。子どもの頃、彼には親しい友達がひとりもおらず、いつも人から拒否されるのではないかと恐れていた。そして今でも、実際には多くの友達がいるにもかかわらず、自分なんか友達をもつに値しない人間だとつい考えてしまい、周囲から関心を向けられないと、何か自分にいけないところがあるのだと思ってしまう。
治療者：私に対しても同じように拒否されるのではないかと恐れているのでしょうね。
患者：はい、先週、私は先生に怒りを感じていました。先生はただ聞いているだけで、私の言ったことに何も答えてくれなかったからです。
治療者：あなたはこの面接が一方通行であることに腹を立てられたのですね。
患者：はい、大丈夫だと言ってほしいんです、いや、そうじゃなくて、私は先生の同情がほしいんです。いつも相手の反応を必要としているのです。先生が私に関心をもってくださるかどうか、それが知りたいのです。いつもそうなのです。
彼は友達との会話中にどのように感じるのかを話し始めた。彼にとって会話に加わることはいつも難しく、ひとたび加わると何とか会話を続けようと頑張るのだという。
そして、沈黙した。
患者：先生に話さなくてはいけない別のことがあります。メモして来ました。
彼はポケットから小さな紙切れを取り出し、それに目を落とした。そこには私に言いたかった不満が羅列されていた。
患者：……そうだ、これを話さなきゃ。

彼はガールフレンドとうまくいっていないことを話し始めたが、この話もまた、主に彼の拒否される不安に収斂した。彼がその話を終えた時、私は、彼が面接中に沈黙が起こることを恐れているのではないかと示唆した。

患者：そうですね、私は、沈黙すると自分が傷ついてしまうように感じるのです。
治療者：だから、言葉を使ってバリアを張ることで自分自身を守っている。
患者：はい、ある部分では。いや、その通りです。全く反論できません。
治療者：あなたの夢はそのことと関係しているのだと思います。その夢に現れた侵入者は私だったのでしょう。私があなたの心の中に侵入しようとしていることで、あなたは私をとても恐れていて、私と戦おうとしたのではありませんか、恐らく、言葉を使って。
患者：たぶんそうかもしれません。

（面接終了間際に）
患者：この治療はうまくいっているのでしょうか？
治療者：今の段階ではまだお答えできません。しかし、私があなたの心を理解していくことはどうしても必要なことです。あなたの問題が何なのかはまだわかりませんが、まだがっかりすることはありません。これは2〜3週間でどうなるものではなく、あなたの中から答えが見つかるまでには、数ヶ月以上かかるでしょう。

第4回目　X年2月5日

患者：何について話したらいいですか？
治療者：あなたはいつも最初にそうお尋ねになりますが、どうしてでしょうね？
患者：話し始めると不安になるからですよ。話している最中に、自分が正しい方向に向かっているかどうかが気になるんです。実のところ、自分が何を話したいかはわかっているんです。両親のことについてずっと考えていますし、結論は出ています。

彼はなぜ両親に腹を立てているのかを話し始めた。母親に関して言えば、母親は彼を理解してくれなかった。「コミュニケーションがとれていなかった」。それに加えて、母親は彼にたくさん食べるよう強要した。父親ともやはりコミュニケーションがとれなかった。

患者：私は両親に拒否されていたんです。今でも拒否されているように感じます。両親のことを考えると、自分はやっぱりまだ両親に腹を立てているのだという結論に辿り着くんです。今でも母親に憤りを感じます。例えば、私に魅力を感じてくれる女性が現れると、私はその女性を傷つけたくなる自分を感じるんです。その女性と寝てしまえば、あとはそれ以上のことを求めず、その女性を捨ててしまいたくなります。母親に取って代わるような女性たちに対して、私は攻撃的になります。

治療者：お母さんへの仕返しの代わりに女性たちを拒否するということですか？

患者：そうです。

彼は非常に多弁であった。

それから彼は続けて弟について話し始めたが、私はその話をやめさせなければならなかった。というのは、彼の女性関係の特徴をもっと知りたいと思ったからである。

彼は、大学で知り合ったふたりの女性について話してくれた。ひとりは性的な魅力にあふれた独占欲が強く嫉妬深い女性だった。もうひとりは愛情深く思いやりのある女性だった。彼の説明によれば、ふたりは多くの点で正反対であった。

治療者：いつも同時にふたりのガールフレンドと付き合っているのですか？

患者：はい。同時にふたり以上のガールフレンドと付き合ってきました。

そして彼が好きだった何人かの女性について話した。彼の説明によると、女性の好みにはふたつのタイプがあるようだった。私がそれを指摘すると彼は同意し、「性格がいいから好きになる女性と、身体的な魅力で好きになる女性がいます」と述べた。

患者：性格がとてもよいひとりの女性を好きになって、赤ん坊のように胸の中に飛び込んでいこうとしたけれど、拒否されてしまいました。私は激しく怒り、そしてひどく傷ついてしまったので、身体的な魅力だけのもうひとりの女性に対してもとても攻撃的になったのです。そして自分が自立していることを示すためだけに、その女性を捨てました。

治療者：ということは、あなたにはふたつのタイプの母親代わりがいるのですね。

患者：その通りです。ひとりは私が自分の愛情欲求を満たすことのできる女性で、もうひとりは私がとても攻撃的になれる女性です。

私は、赤ん坊の時の彼にはいろんなタイプの母親がいたのかもしれないと示唆した。

治療者：赤ん坊だった時のあなたには、悪いお母さんと良いお母さんがいましたが、それが同じひとりのお母さんであるとはわからなかったのでしょうね。

私はそのことについて少し説明した。

患者：先生の言われることに完全には同意できません。母は十分に私を満足させてくれたと思っています。母は大きな胸をしていました。でも、理解してくれていないと私が感じた時には、母は悪い母親になっていました。そうであれば今、確かに私にはふたりの母親がいたように感じるのですが、そういうことですか？

治療者：その通りです!! だからあなたにはふたつのタイプの母親代わりが必要なのです。

患者：そうですね。

治療者：しかし、問題は、あなたにはたったひとりのお母さんしかいなかったということです。良い母親の中に悪い部分を見つけたとしたら、あなたはどうしますか？

患者：先生がおっしゃりたいことはわかります。私は時々、女性に対してアンビバレント[3]な気持ちになります。そんな時にはただ引き下がるだけですが。

治療者：あなたは、自分の攻撃性が良い人をも破壊してしまうのではないかと恐れるから、ただ引き下がるしかないのでしょうね。

患者：そう……。うーん……。

彼は黙り込んでしまった。

第5回目　X年3月1日

私は自分の体調不良のために面接の予約をキャンセルしなくてはならず、3週間にわたって彼に会えなかったことを陳謝した。

患者：頭が空っぽで何も思い浮かびません。何について話したらいいですか？　私たちが3週間前に話していたことを話したらいいですか？

治療者：あなたは何について話したいですか？

彼は先週スコットランドでデートしたあるガールフレンドのことを話し始めた。彼女はセックスに関するひとつの問題を抱えていた。すなわち、オルガスムスに達することができないのだった。

患者：彼女は、これまでは問題なかったはずなのに、私との間ではオルガスムスを得られなかったのです。

彼は、自分がどれほど彼女を独占したいと思っているか、そしていつも、彼女が他の男と寝たりはしないだろうかと心配していることを説明した。彼女が自分とのセックスでオルガスムスを得られないことから、彼は彼女が１００パーセントの満足感を与えてくれないように感じていた。彼は、彼女とのセ

3　日本語では通常、「両価性」と訳される ambivalence は、カタカナでそのまま「アンビバレンス」とも言われるが、いずれにしても精神分析学や精神医学、臨床心理学などの分野で用いられる専門用語である。日本では非専門家である患者がその言葉を口にすることはあまりないが、北山によれば、英国では一定以上の知的レベルの人の間では、日常会話で使われることが珍しくはないようである。

ックスを一方的なものだと考えていて、彼女が拒否しているように思ってしまうのであった。そして彼は突然話すのを止めた。

患者：何も思いつきません。

私は待っていた。

それから彼は、その拒否された感覚を再び不幸な幼少期と結びつけた。子どもの頃、精神的に不安定だったため、以来ずっと自分の性的能力を証明しようとしてきた。

彼は彼女の貞節を疑うもうひとつの理由も話してくれた。何ヶ月か前、彼は淋病[4]にかかった。彼は彼女とは別に何人かの女性と関係をもっていたが、病気をもらったのは彼女からに違いないと思っていた。

患者：何も思い浮かびません。先生が何を考えているか知りたい。他にはもう話すことがありません。（沈黙）

治療者：あなたは、ガールフレンドの話に置き換えて、私のことを語っているように思うのですが。

私は、彼が彼女に感じているものと同じ気持ちを私にも感じていることを指摘した。

治療者：きっとあなたは私に拒否されたと感じたのでしょう。なぜなら、あなたは私に多くのことを語っているのに私は黙ったままだから。それはまるで、ガールフレンドがセックスの最中にあなたに反応しないのと同じことなのでしょう。

彼はその理解に強く納得した。そして彼はまた、全ての問題を彼の不幸な幼少期へと関連づけた。子どもの頃、ひどく不安定だったため、拒否されたと感じるようになっていった。

患者：私は今も両親を恨んでいるんです。

彼は再び、たくさん食べることを彼に強いた母親の話をした。

治療者：あなたは全ての問題の原因を両親のせいにして、両親を恨んでいますね。あなたは私に対しても非常に腹を立てているけれども、あなたはその怒りをあなたの両親に映し替えているんだと思います。おそらくあなたは、あなた自身か両親を非難しなくてはいけなくなるので、怒りを露わにするのを避けようとしているのでしょう。というのも、もし私に腹を立てたら、どういう結果になるかを恐れているからではないでしょうか？

患者：ええ、そうです、先生のおっしゃる通りです!!

彼は「そうです」「そうです」と繰り返した。

それから彼は、私に対する欲求不満の感情を表現し始めた。

患者：たしかにイライラしています。この治療が前に進んでいるようには思えないんです。

治療者：あなたが私に腹を立てているのは、おそらく私があなたの役には立っていないと感じているからでしょうね。

患者：はい、だんだん飽きてきました。私には自分の心の動きがわかります。それが私の欠点であることもわかっています。フロイトについてもいくらか知っているし、自分の性格が幼少期に関係していることもわかっているんです。でも、私はただ堂々巡りをしているだけで。私が欲しいのは具体的な助言なんですよ。自分が何をすべきかを今すぐ知りたいんです。

私は、彼が私に対して非常に腹を立てていることを指摘した。

そして彼は、自分がどれほど怒っていたのか話した。

患者：もううんざりです……。

治療者：きっとあなたは、わかりきったことを私が解釈したり説明したりするように思っている。つまり、欲しくないものを私が無理に与えようとしていると感じているんですね。それはあたかも、もっと食べるように強いたあなたの母親に対する怒りと同じなんですね。

4　淋菌によって起こる尿道粘膜の炎症。主に性交によって伝染し、感染後2～3日で放尿時に痒感・疼痛を覚え、また、尿意促迫を起こす（広辞苑）。

患者：ええ、その通りです。

第6回目　X年3月8日

患者：先週の面接では、私が両親に対する怒りを他の人に向け変えて腹を立てていたのだということを話し合いました。その後、そのことについて考えてみたら、いくつかのことが思い浮かんで来ました。つまり自分は、本当なら両親に向けるべき気持ちを他の人たちに抱いていたと思うんです。

そして彼は、蓄音機のように話し続けた。彼が言いたかったことのひとつは、彼が甘やかされた子どもだったということだった。彼の両親は彼に何でも買い与えたので、彼はさらにもっと欲しがるようになった。両親が彼の貪欲な要求を満たしてくれないと、すぐにふてくされていた。

患者：私は、駄々っ子のように拗ねていました。まわりの人々も過保護な両親と同じように見てしまっていました。

彼は大学入学時に親元を離れることになった。すると彼は突然孤独を感じた。誰も彼の面倒を見てくれなかったからである。そして睡眠障害や頭痛といった身体症状が発現するようになった。

患者：私を甘やかされた子どもだとは思いませんか？　このことが関係していると思いますか？　先生の理論に当てはまりますか？

私は黙っていた。彼は自分がふてくされたいくつかの例を語り始め、その都度、私の意見を求めてきた。彼は決して満足することはなく、絶えず再保証や返答、注意などを求めるのであった。人の注意をひくために彼は話し続けるのだが、いったん話し始めると、周囲の人たちを退屈させていないか気になり始めるのだった。

彼は話すのをやめた。

治療者：おそらくあなたは、私が退屈しているかどうかを聞きたいのでしょう。

患者：ええ。先生は黙ってばかりいて、私に何も尋ねてきません。先生が黙っていると不安になるんです。先生から拒否されたように感じ始めるから。

それから彼は、幼少期の話へと戻り、両親の注意をひくために努力した例をいくつか語った。そして語るのをやめた。

患者：ああ、私は何を話しているのだろう？　何を言いたかったのだろう？　ねぇ先生、私は何も考えないで話し続けます。話し続けている時、頭では何も考えていないんです。

治療者：あなたは、おそらく考えたくないからずっと話し続けなくてはいけないのでしょうね。あなたは、何かを考えるのを避けるために話しているのではありませんか？

患者：考えるのを避けるって、何についてですか？（彼は自問自答するように尋ねて、さらに）私が黙っていて、先生も一緒に黙っていたら、拒否されたように感じます。だから絶えず先生の注意をひくために、私は話し続けるんです。

治療者：それこそ、あなたが先ほど言った、何も考えずに話すということなのでしょう。おそらくあなたは他の事は考えたくないのでしょう。

患者：どういうことでしょうか？

治療者：あなたは、本当なら両親に向けるべき気持ちを他の人たちに抱いていたと言いましたよね。きっと私もまた、そのうちのひとりなのでしょう。

患者：ええ、だから私は先生の注意をひくために話し続けていたのです。

治療者：最初に両親に対する怒りを他の人に向け変えて腹を立てていたと話されましたね。言い換えるなら、あなたの両親の代わりとして、あなたはこの私に対して怒っているんです。おそらくあなたは話すことで怒りを表現しているのでしょう。つまり、あなたは私を攻撃しているから、話している間じゅう、不安を感じるのです。しかも、怒りについて考えたくないのは、その怒りが理にかなったものではないからでしょう。

しかもそのことを考えると、罪悪感を抱かざるを得なくなるから、考えたくないのでしょう。
患者：確かにそういう怒りがあります。
治療者：おそらく、あなたはそれを考えることなく「はい」と言っているのでしょう。なぜなら、あなたは自分の怒りの激しさに怯えているからですよ。あなたはその激しさに気づきたくない。だからそれを考えずに話し続けなければならないのでしょう。
患者：はい。いつもここで、何かイライラするものを感じていました。
と言って彼は自分の腹部を指差した。
患者：私は話すことで怒りを表しているのです。その怒りは私の両親から映し替えられたものです。それが理にかなったものではないので不安になるのです。そう、私は考えずに話していたんです、このことは私にとってとても意味のあることなんでしょうね。

第7回目　X年3月15日

見るからに彼は非常に怒っているようだった。

私は5分遅刻した。

患者：昨日、落ち込んでしまいました。

彼はあるパーティに出かけたが、そこで彼は孤立し、会話に参加できなかった。誰からも気にかけてもらえず、彼は途方にくれてしまった。パーティ終了後、なぜそのパーティで自分は楽しめなかったのかを考え始めた。そして、以前私たちが話し合った時と同じ結論に辿り着いたのだった。つまり、パーティで楽しめなかったことは、精神的に不安定だったかつての自分の境遇が影響していると。

患者：自分の問題について考えると、いつも同じ結論に辿り着くんです。先生とこれまでここで話し合ってきたことについてずっと考えています。その堂々巡りから抜け出せないんです。ああ、苛立たしい……。今日はイライラしています。

それから彼は、先週起こったことを話し出した。彼はガールフレンドとデートをしたのだが、彼女から、彼の友達が遊びに行かないかと電話で誘ってきたことを聞かされた。彼女はどうやら誘いを断って、その友達とは出かけなかったようだ。しかし彼は、その友達が自分からガールフレンドを盗まれているように感じた。彼は傷つくと同時にガールフレンドと自分の友達に怒りを覚えた。そして、彼がどれほど、そしてなぜ傷ついたかを彼女が理解してくれなかったことに余計腹を立てた。彼は、自分が理不尽な程、彼女を独占しようとしていることはわかっていたが、彼女への怒りを収めることができなかった。

そして彼は、その理不尽な怒りを、両親に理解されなかった不安な子ども時代に結びつけた。

患者：私のことを理解してくれなかったから、母親に腹を立てていたのです。同じことをガールフレンドに対してしても繰り返してしまいます。両親に対して感じていたのと同じように、すぐに拒否拒絶されたように感じてしまうのです。この治療は何だか違っているように思います。私の問題は人とうまく関われないことですから、私には集団精神療法の方が向いているのかもしれません。でもこれまで、集団精神療法が役立つと思ったこともありません。というのは、誰にも受け入れてもらえないように感じるからです。ああ、堂々巡りから抜けだせない……。

それから話はパーティでの出来事に戻った。彼は、人々が自分の無能さを嘲笑っているように感じていた。

患者：いつも自分の力を証明したいんです。私はガールフレンドに自分の性的な能力を示そうとしました。だから、彼女には他にもボーイフレンドがいるとほのめかされると、いつも無力感を抱くのです。

彼は、そのパーティの参加者たちやガールフレンド、そして彼の両親について、入れ替わり立ち替わり話し続けた。私は、彼がこの治療にはうんざりしていると言っているように感じていた。進展していない。彼はひどい悪循環から抜け出せない。だから私を攻撃することによって治療を価値下げせざるを得なかったのだろう。ともあれ、この面接の前半は彼の独白に終始したのだった。

彼は話すのを止め、私に意見を求めてきた。私はその時、彼が自分のことを嘲笑ったと感じた相手や、ガールフレンドを奪おうとした彼の友達の意味について考えていた。

治療者：それであなたは、友達があなたのガールフレンドを奪おうとしたかもしれないことで無力感を抱いたのですね。きっとあなたはその友達と競い合っているように感じたのでしょう。

患者：はい、そうだと思います。ちょっと嫉妬したのです。何てバカバカしい……。

治療者：その友達がパーティ会場の人たちと同様にあなたを嘲笑っているのだと。

患者：パーティ会場の人たちを羨んで、そしてガールフレンドに嫉妬していたのです。だって、私を追い出して、私抜きで楽しんでいたんですから。

治療者：あなたは、ガールフレンドがあなたの母親のようだと言いました。それならば、あなたを嘲笑ったり、あなたのガールフレンドを奪おうとしたりしたのは誰なのでしょう。

患者：さあ、わかりません。たぶん私と張り合っていた弟でしょうか。

治療者：そして、おそらくあなたのお父さんも。

患者：ええ、そうです。父親は母親を必要としていました。

治療者：両親に嫉妬や羨ましさを抱いたのは、お母さんがいつでもあなたと一緒にいてくれたわけではないからではありませんか。あなたはお母さんの代理となる人に自分の性的な能力を示したかったと言いました。それはきっと、あなたからお母さんをお父さんが盗もうとしていたからでしょう。

患者：つまり、私が、父親と競い合って母親を手に入れるだけの強さをもっていないと感じたという意味ですね。きっとそうだと思います……。

治療者：今日の面接の始めに、あなたは苛ついていましたね。

患者：それは、先生が遅れて来たからです。ここに着いた時、先生に話したいことがたくさんありました。それなのに先生は来ない。だから苛ついていたんです。
治療者：私が他の患者さんと楽しく過ごしていると思ったからではないですか？
患者：いえ、違います。私はただ、いつでも先生に会えるわけではないことに苛ついていた……、ああ、いや、先生が正しいかな。そうです。

第8回目　X年3月22日

彼は、一緒に住んでいるガールフレンドについて話し始めた。前夜、彼女と口論になり、彼女が抑うつ的になってしまったのに気づいた。
患者：彼女は落ち込んでいました。……話すことが思いつきません。
治療者：いつも何かを考えているはずです。
患者：そのことで頭がいっぱいです。彼女が言ったことがひどく気に障ったのです。彼女は私に何をすべきかを指図しました。彼女にはそんなことを言われたくなかった。彼女はあきらかに落ち込んでいました。それが私を不機嫌にしたのです。私は気持ちが塞いでしまいました。このことは、先週ここで話し合ったことと関連しているかもしれません。
治療者：どんなことと関係ですか？

彼は、私たちが話し合ったこと、すなわち両親に羨望し嫉妬していたことを思い返した。彼は両親からよくああしろ、こうしろと指図されてきた。それで彼はひどく無力感と、憤りを感じ、何でも拒否するようになった。例えば彼の母親は、彼に食べることを強要したが、彼はいつもそれを拒んでいた。
患者：私の母は毎朝よく叫んでいました。ああ、思い出した、母はよく私を大声で叩き起こしました。母はひどくイライラしていて、私をまるで赤ん坊のように扱いました。母は私が反抗することを許さなかったので、私はいつまでもベッドの中でぐずぐずしていたものでした。父もよく大声で叫びました。私と父はよく大げんかをしました。父は私のことをわかってくれませんでした。母にはそのことがわかっていたので、母は私にあれこれ指図することで、愛情を注ごうとしたのです。

治療者：つまり、お母さんはあなたのほしくないものを与えていたのですね。

患者：はい、母は父の埋め合わせをするためだけに私の世話をしたのです。私は母に味方になってほしかったけど、母はただ父の埋め合わせをすることだけで私の味方になったんです。

そして彼はいかに両親に羨望し嫉妬していたかを説明し、さらに母親がいかに人の言いなりになる人であったかについて語った。

患者：私は母に自分の意見を言ってほしかった。でも両親はいつもつるんで、私を抑えつけていました。もし母が私の味方でいてくれたら、父は私のことをわかってくれたと思います。

治療者：あなたは、自分がどれくらい強いかをお父さんにわかってほしかったのですね。お母さんをめぐってお父さんと張り合っていたのでしょう。

患者：そういうことでしょうね。

治療者：それにしても、なぜあなたのお母さんはそこまで苛ついて、朝、大声であなたを叩き起こすようなことをしたのでしょう。

患者：さあ、わかりません。

治療者：夜、あなたに起こったことと関係していたのかもしれません。つまり、あなたは夜、両親にひとりぼっちにさせられていた。

このことから、彼が夜遅くまで起きていたり寝小便をしたりして、いかに両親の邪魔をしていたかに彼は思い至った。

治療者：夜、あなたは母親にそばに来てもらいたかったのですね。[5]

患者：はい。

そして私は、セックスをしていた両親に嫉妬していたのではないかと示唆したが、彼はそれを肯定しなかった。

患者：私は、自分の母親に対して性的な感情は抱いたことはありません。

彼はガールフレンドについて話し始めた。彼女はセックスの最中ですら、次から次へと指図するので、彼は彼女がわずらわしくなった。

第9回目　X年4月1日

患者：今日は何を話したらよいのかわかりません。ここのところ調子はいいです。というのも、多分、私は今好調なんです。それに加えて、私たちが話し合ってきたことのおかげでもあります。私たちが先週話した話題を続けるのがいいですか？

治療者：先週の面接以来、あなたに起こったことならどんなことでも話していいですよ。

患者：わかりました。精神分析の概念を使わなくても、私は自分の問題を説明することができます。

彼は全ての問題を、特に拒否される予感に関連づけて説明した。そしてそれらを、友達はいなく、精神的に不安定だった幼少期に結びつけた。

患者：このことは、先週の面接で先生がおっしゃったフロイディアンの説明とは結びつけることができません。

治療者：あなたの言うフロイディアンの説明とはどういう意味ですか？

彼は説明してくれた□□□□□［訳注：判読不能］。子どもが母親を愛するがゆえに父親を憎むこと、という話である。

私はそのことのいかなる説明もしていないことと、両親が一緒に寝ていることに嫉妬していたと彼自

5　欧米では日本と違い、両親と子どもの寝室が別々にあることが多い。

身が話していたのだと指摘した。

治療者：しかし、のちの段階で経験したことがそれまでの行動パターンを強化しているということについては、その通りだと思います。

そして彼は、先週、エディプス・コンプレックスとして説明可能な三角関係に関して私たちが話し合ったことを要約しようとした。

患者：もし先生が私の友達だとしたら、先生に近づく誰に対しても私は嫉妬するでしょう。

治療者：なるほど、あなたは今、私とあなたと、そして第三の人物という言葉でもって説明しましたね。それはおそらく、私が復活祭[6]の休みに出かけようとしているという事と関係するのでしょう。あなたは、私が友達と出かけてしまって二度と戻って来ないのではないかと心配しているのでしょう。

彼はそうした理解を全く肯定しなかった。しかし最後には、三角関係についての精神分析的な説明に同意した。

患者：私は母を愛していました。そして、私から母を連れていく弟と同じくらい、父親のことを憎んでいました。最後には、母親からも拒否されたと感じたのです。

彼は満足げであった。

患者：何か特に検討する必要がありますか？

治療者：いいえ。

患者：私は変わったと思いますか？

治療者：あなたはどう感じますか？

患者：変わったと思います。でも、先生の考えも聞いてみたいんです。

第10回目　X年4月22日

（3週間後）

患者：私がここへ来た時、先生はいませんでした。

彼は、前回の面接の1週間後にここへやって来ていた。彼は1時間ほど待ったが、私がいないことに気が付いて不安になっていた。その結果、彼は落ち込み、面接の中で私が言ったこと、つまり「あなたはまさに人々と競争しているのですね」を思い出す数日前までは、神経過敏な状態であった。

患者：それは、先生が数週間前に言ったことですよね？　そして先生はそのことを私の父と関係づけました。本当のところ、それを思い出した時、気分がよくなりました。それ以来、調子がいいので、先生の言ったことは間違っていなかったと思います。

そして私は、私がいない時にここに来てどのように感じたかを彼に尋ねた。

患者：不安でした。まるで必要な時に医者に会えない患者のように。ナーバスだったので、先生にどうしても会いたかったのです。

治療者：あなたはその後さらに不安になったが、自分が競争していることに気が付いて調子がよくなった。それにしても、あなたは一体、誰と競争しているのでしょう？　そして何を求めて？

患者：まわりの人たちです。でも何を求めて競っているのかはわかりません。

彼は、私が休日を一緒に過ごした人と競っているのだろう、そして、母親を求めて父親と競ったように、私を求めて誰かと競っているのではないかと私は彼に伝えた。彼は「はい、きっとそうでしょう」と答えたが、そのあと、やっぱりそうは思えないと否定した。

患者：何でも両親に絡めて説明する先生のフロイディアン的な説明は、あまり好きじゃありません。おっしゃることはわかりますが、そのことと実際の私の行動とを結びつけるのは難しいと思います。

6　キリスト教会で、イエスの復活を記念して春分後の満月直後の日曜日に行う祭事。イースター（広辞苑）。

そして彼は、自分の問題を自分なりに説明し始めた。彼は例によって、あらゆることを、決して患者の反抗を許さなかったと語る父親のせいにした。私は、私がことさら母親に絡めて説明するから彼は困惑するのだろうと彼に伝えた。

患者：先生が「母親」や「乳房」と言う時、自分の母親が非難されているように感じます。

そして彼は「ああ、何てヘンな夢なのだろう」と言って、数日前の夢を語ってくれた。

患者：私は母とセックスをしていました。こんな夢、先生は好きでしょ？　今まで話し合ってきた話題のせいでそんな夢を見たんだと思います。先生がこういう話題を私の心の中に押し付けたんですよ。

治療者：私はあなたの心の中に話題を押し付けたかもしれませんが、決してそんな内容のものではありませんよ。

患者：それはそうですね。

そして彼はその夢を詳しく語った。夢の中で彼は勝ち誇った感じになり、母親の大きな胸が印象に残っていた。そして、この夢によって、彼がカナダから船で母親と戻って来たことを思い出した。彼らは同じ船室で過ごしたのである。

患者：たぶんこの夢は先生の言ったことが間違いないことを物語っています。かつて私に支配的であった母を価値下げしてやりたかったんだと思います。

私は、彼が夢の中で価値下げしたかったのは、かつて彼を支配していた大きな胸であることを伝えた。

治療者：大きな胸は、ちょうどあなたのお母さんのようにあなたを支配していた。あなたはお母さんとその胸を征服したかったのでしょう。

患者：でも、私を一番支配していたのは父親です。父親の方こそ私が最も価値下げしたがっていたとは思いませんか？

治療者：そうですね。私は、あなたが両親のどちらかを価値下げしたがっていたとは言いません。あなたがお母さんとセックスすることで、あなたはお父さんをも価値下げすることができたわけですから。

患者：なるほど、そうですね。

第11回目　X年4月29日

患者：今朝考えたことを忘れたくなかったので、メモしてきました。

と言って、彼はポケットから数枚の紙を取り出した。そして彼の抱えている中心的な問題を描き出す、それについて彼なりの分析を始めた。彼はしばしば、「先生の理論によれば」という言い方をした。そのため、ある意味で、彼はこの素材を私が言ったことと結びつけようとし、自分の問題が両親との関連で説明できることに気づいて、彼自身驚いていた。

最初に、このセッションの数日前に見たという夢について語った。その夢の中では、彼は威張り散らすボスによってひどい扱いをされていた囚人だった。ある日、彼はそのボスにからまれた。ボスは「お前は飛行機からジャンプできないだろうな」と言って、彼を嘲笑った。彼は「いや、できる」と答えた。場面は飛行機の中に移った。彼はパラシュート・ジャンパーとして飛び出すことになっていた。彼は恐ろしかったが、勇気をふるってジャンプした。地上へ降りながら、彼は非常に幸せな気持ちになり、不安は全て吹き飛んでしまった。

夢を語り終わったのち、彼は自分なりの分析を始めた。彼は、夢の中に出て来たボスを、威張り散らす自分の父親と結びつけた。

患者：この夢は、私の子ども時代をとてもよく表していると思います。あなたが言ってたことは正しかったですよね。驚きました。

私はもう少しこの夢について話し合いたかったが、彼はメモしてきた次の話題へと移ってしまった。

患者：ここに書いてきたことを全部話し合いたいので、次はガールフレンドとの関係について話します。

そして彼は、再びひとりで語り始めた。その時の話題の中心は、彼女をひとりの人間として見ることが難しいということだった。「彼女は母親代わりなんです」と彼は言った。彼女は愛情を与えてくれるし、世話をしてくれ一緒にいて心が安らぐのだが、しばしばとても独占欲が強い。彼は、彼女を独占欲の強い女だと感じるとイライラしてしまう。このことは彼が抱えるもうひとつの問題に関係していた。現時点での彼は、彼女を性的な対象として見ることができなくて、セックスしたいとは思わない。そこで彼は話すのをやめ、「どうして彼女とセックスする気になれないのかわからない」と言った。私は、彼の母親に対しても同じ問題を抱えているのだろうと伝えた。

治療者：あなたは、性的な対象としてのお母さんとセックスすることができなかった。

私は、彼がこのコメントを期待していると感じていた。

患者：そうです。またしても先生の理論、つまり両親にまつわる理論に当てはまりますね。

それから彼は、仕事に関する話に移った。彼はそれまで自分の仕事にとても満足していたが、つい最近になってやり甲斐が感じられないと思うようになった。彼は、やり甲斐さえあれば一生懸命に働くことができる。そして上司から認めてもらうために努力して成功を収めることもできる。つまり、やり甲斐を感じながら働き、認められる成果を上げることこそが、彼の生きる糧なのだった。そのことを再び彼は自分の父親と結びつけた。彼は父親からよく挑発されたものだった。彼は一生懸命働いたが、なんとしても認めてもらいたかった父親を喜ばせることはできなかった。

彼が語りたかった問題を全て話し終えた頃には、既にセッションの終わりにさしかかっていた。私は2つコメントした。ひとつは夢に関することで、彼が最初にここにやって来た時に語った夢を思い出したことを伝えた。つまり、強い力によって地面への激突を余儀なくされる、どうすることもできない飛行機だったという夢である。

治療者：今ならあなたは飛行機から飛び降りることができるのでしょう。それはおそらく、あなたにはその力の源が何なのかがわかり、以前よりもはるかに自由だと感じられるようになったからでしょうね。
私がコメントしたもうひとつは、私との競争についてだった。彼は私にも挑んでいた。「全ての素材を分析し終えたことで、きっとあなたは私から認められたいと思っているのですね」と私は伝えた。

患者：はい。

彼はそのことを十分に納得した。

第12回目　X年5月5日

今回も彼は、前回のセッションのあとで考えたことをメモして来た。しかし今回は、以前ほどその小さなノートを見なかった。始めに彼は、数日前に見た夢を語った。夢の中で彼はW医師[7]とセックスをしていた。彼は彼女と溶け合って一つになった感じがした。彼は自分が、W医師に受け入れられ、支えられ、抱きしめられ、そして愛撫されてとても幸せだった。彼は目覚めたあと、その夢から、前のガールフレンドとのセックス中に体験したことを連想した。

私は、他の誰かとの間で同様の体験をしたことがあるかどうか彼に尋ねた。

患者：いいえ、そのようなことは誰ともありません。もちろん両親ともありません。私はいつも両親と一緒にいて不安を感じていました。私は必死に両親から安全感を得ようとしましたが、両親は全く与えてくれませんでした。

私は、母親の夢とW医師の夢との違いを尋ねてみた。

患者：W医師の夢では、勝つとか征服するといった感覚はありませんでした。

そして彼は、14歳の時、初めて親しくなった友達との関係が壊れてしまった話に移った。彼はこの友

7　彼をX病院に紹介した女性医師。

達にとても親しみを感じていた。しかし、その友達にはもうひとり親しくしている友達がいることを知って、彼は激怒し、完全に拒否されたように感じた。

患者：そんな気分になってしまうなんて理不尽な話ですが、私は彼らに強く嫉妬し、友達を独占したかったんです。

そして彼は、その話を競争に絡めて説明した。すなわち彼は、その友達の友達と張り合っていただけだったのだ。

患者：この話でも、先生がおっしゃったようになったのです。私はその友達を独占したかった。これが、私が初めて拒否された体験だったのです。

そして彼は、夢の話に戻った。

患者：何を言いたかったのか忘れてしまいました。奇妙な夢をたくさん見るんです。来週は、先生の夢を見るかもしれませんね（笑）。

治療者：あなたはその親友に対する独占欲が強かった。そう、彼を独占したかった。恐らくあなたは、W医師も独占したかったのでしょう。

彼はそのことに強く納得した。彼は、W医師が担当する他の患者に嫉妬したことを認めた。つまり彼は、彼女からここに紹介された時に、拒否されたように感じたのだ。私は、彼がW医師とセックスすることで彼女を独占できたのだろうと伝えた。すると彼はそれを素直に認めた。そして私は、彼が私に対しても独占したいと感じているかを尋ねてみた。

患者：いいえ。先生が担当する他の患者さんのことは知りません。第三者の存在を知らない限り、それは問題にはなりません。……ああ、きっと先生の言う通り、そう思っていました。先生から「来週は会えません」と言われて、私は確かに拒否されたように感じました。いつも先生に気にかけていただきたいですから。

第13回目　X年5月12日

患者：先週、先生から私が母親に注目してもらいたかったのだと言われてから、いろんな考えが浮かんできました。

患者：ひとつは、鮮明な映像の記憶です。私はかつて、弟が母と一緒に遊んでいるのをよく見ていたことを覚えています。そして、どれほど自分が拗ねていたか思い出しました。私は、ただただ母が私の元に戻ってくるのを期待して拗ねていたんです。本当に鮮明な記憶です。私が拗ねると、母は私のところへやって来ました。効果てきめんでした。それで、拒否されたと感じるといつも、拗ねるようになったんです。……ああ、そう言えば、先週の金曜日、ガールフレンドが私たちの住んでいるアパートに何人かの女友達を招きました。みんなで楽しそうにおしゃべりしている時に、それに参加できない私はみんなから拒否されているように感じました。私のガールフレンドがその女友達に盗られてしまったように感じたのかもしれません。よくわかりません。私は落ち込んでしまい、このことをめぐってガールフレンドと口論になりました。なぜなら、私がどうして落ち込んでいたのか彼女はわかってくれなかったからです。

治療者：落ち込んだというのは、具体的にはどんな気持ちでしたか？　落ち込むという言葉には、とても多くの感情が含まれますよね。

患者：はい、そうですね。私は、ほとんど注目されなかったので、欲求不満で、寂しかったんです。それで、自分を責め始めたのです。そのように感じるのは私の欠点です。そして、彼女が関係を修復して仲直りしようと歩み寄ってこなかったので、ついに私は激怒したのです。……恐らく私は彼女を、自分に注意を向けてくれない母親のように思ったのです。そう、彼女に激怒していた時、私は怒って壁をドンドン叩いている姿を想像していました。

治療者：つまり、あなたは何かを壊してやりたいと思うほど怒っていたのですね。

患者：はい。でも、私は決してあからさまに怒りを表すことはなく、ただ拗ねていただけです。

治療者：でも、昔だったら怒りを露わにしていたかもしれませんね。おそらく赤ちゃんの頃なら。
患者：そう。両親からは「お前は癇の強い赤ん坊だった。何か欲しいものがあると、それを手に入れるまで泣き止まなかった」とよく言われていたのを覚えています。
治療者：どうにかこうにか、あなたは拗ねるだけで、怒りを抑えることを学んだのですね。
患者：はい。拗ねるだけで、欲しいものは何でも手に入れることができましたから。それで味を占めたんです。
治療者：なぜ怒りを露わにするのをやめたのだと思いますか？
患者：きっとバカバカしいと思ったからでしょう。
治療者：どうしてバカバカしいと？
患者：だって、明らかに、怒るのは危険なことだからです。
治療者：それはあなたが、壁をドンドン叩いたり、ものを破壊したり人を傷つけたりするかもしれないほど激しく怒ってしまうからですね。
患者：はい。
治療者：あなたは恐らくお母さんを傷つけたくなかったから、怒りを露わにするのをやめたのでしょう。
患者：うーん……、そうですね、おっしゃることはよくわかります。

第14回目　X年5月19日

彼は、ふたりで話し合ったことをめぐって、自分の幼少期のことを聞くために、両親のもとに出向いた。彼は弟のことをしっかりかばっていたと両親は言っていた。この話から彼は、14歳の頃までは弟とはとても仲がよかったが、その頃から、自分が弟に対して意地悪になっていったことを思い出した。彼は、けんかになるといつも弟を叩くようになった。
患者：それまでは、決して弟にそのようなことはしませんでした。実際のところ、弟に対しては同性愛的感情を抱いていましたから。

私は、それは具体的にはどんなことなのか尋ねた。彼が13歳か14歳の頃、彼は弟のペニスに触りたいと思っていた。実際、弟のペニスを触るために一度だけ一緒に寝たことがあった。さらに、同性愛的な出会いで、友達と自慰的行為を相互にやりあって楽しんだことを思い出した。

患者：今では、それは思春期の普通の反応だったと思います。しかしその頃は、自分の同性愛傾向にひどく悩んでいました。同じ頃、私はある女性と初めて性的関係をもちましたが、インポテンツになって、できませんでした。自分の同性愛傾向がとても心配になったので、精神科を受診しました。すると、同性愛傾向はすぐに消えました。でも、自分の男らしさについてまだ少し不安なのか、今でも女性に対する性的能力を試そうとしています。

治療者：なぜ、他の男性のペニスを触りたいと思ったのでしょうか？

患者：わかりません。他の男性のペニスを触るととても安心しました。当時、私は孤独でとても不安定でした。それできっと、女性に対してと同じように、男性にも身体的な接触を求めたのだと思います。

患者：私は拒否されたと感じやすかったので、相手が女性であれ男性であれ、死に物狂いで親密な関係をもちたいと思っていたのです。

私は、今でも彼が女性にも男性にも同様の感情を抱いているのだろうと伝えた。彼はそのことに深く納得した。

患者：私は身体的な魅力を感じる相手から拒否されたように感じるのです。それはセックスとは関係ないと思います。この魅力は、私が同性愛と呼びたくなる感覚なのです。……う～ん、ちょっと恥ずかしい……。

それから彼は3つの夢を語った。最初の夢では、彼はパラシュート飛行の訓練を受けていた。彼は上官や同僚から非難された。彼は「お前なんか嫌いだ」と叫んだ。そうしたら、自分が仲間から排除されていることに気づいた。次の夢では、彼は友達と一緒にヘンリー・キッシンジャー[8]と話をしていたが、やがて会話を続けられなくなり、会話から排除されてしまった。最後の夢で彼は、人々が彼に対して陰謀を企てている城の中にいた。彼は必死になってどんな秘密が隠されているかを暴こうとしたが、気がついたら排除されていた。

全ての夢の中にある気持ちは、競争意識、物足りなさ、無力感、自暴自棄、怒り、そして拒否だった。そして彼は、競争意識、無力感、拒否という観点からこの3つの夢を自ら解釈した。私は、ペニスが小さかったために、両親のセックスから排除された小さい男の子として解釈した。

患者：ええ。恐らくそれが元々の原因でしょう。ちょっとした出来事が繰り返されて、そのような気持ちが強化されたんです。

彼は落ち込んでいるようだった。私はそのことを伝えた。

患者：いいえ、私は嬉しいです。自分の中でとても大きな変化を感じています。

私との治療終了後は、彼が集団精神療法に参加できるだろうと示唆した。

第15回目　X年5月26日

彼はひとつの夢を語ってくれた。その夢では、彼はガーデンパーティーに参加していた。その庭には多くのテントがあった。彼はその中のひとつのテントにいるのだが、そこには若い女の子しかおらず、彼のフィアンセである同棲相手と、新しい女友達が含まれていた。その新しい女友達は彼に、そこにいる女の子たちにスピーチをしてくれないかと頼んだ。彼はジーンズ姿だったため、そんな格好ではこのような場には不適切だと感じ、人前でスピーチするなんてとてもできないと思った。しかし、彼女は彼にスピーチするよう強く求めた。彼は困ってしまったが、結局スピーチすることを決意し、ひどく不安を抱えたままステージへと向かった。

彼がフィアンセを見ると、魅力的な女性たちにスピーチをしている自分に対してひどく嫉妬しているように見えて、大きな怒りを感じた。

そのあと彼は精肉を準備している肉屋のテントにいた。肉屋の店員たちはみなとても大柄だった。彼は、自分が非常に小さくて、無能で無力な人間だと感じた[9]。店員の何人かがナイフで肉を切っていた。彼はそこに近づき、自分に売ってくれる安い肉があるかどうかを尋ねた。するとその店員は、店長がいなくなるまで待ってくれと言った。彼には、その店員を怒らせまいとする気持ちがあった。やがて彼は自分の腕時計がなくなっていることに気づき、店員がはめている腕時計を見たら、それは自分の時計じゃないかと思った。彼はそれが自分の時計だと訴え、店員を非難した。しかし、結局、それは自分の時計ではなく、よく似た時計だったことがわかり、自分は何て馬鹿だったんだろうと感じたのだった。

そして彼は、最初の夢の意味を説明しはじめた。彼はこれを、彼のいつもの無力感と結びつけた。私は、彼がその場違いな格好についてどのように思ったかを尋ねた。

患者：私はいつも、自分の外見を気にしています。

私は、その格好が彼の身体、またはその一部を象徴しているかもしれないと伝えた。この指摘は、かつて肥満気味だったことを恥ずかしく思っていたことを彼に思い出させた。

治療者：その夢はとても性的な夢ですね。若い女性の前でスピーチしなくてはならなかったのですね。

患者：なるほど、スピーチすることは、セックスするということになるんですね。……私はいつも、ただ自分の男性性を証明したくて女性と寝ています。

私は、場違いな恰好は、ふさわしくないペニスなのだろうと伝えると、彼は納得した。

患者：私はよく性的な魅力に乏しいと感じ、自分の同性愛傾向を心配していました。

8　大森の解説に詳しく記載している。

9　原文は、impotent and inadequate.

それから私たちは最後の夢に戻った。
彼は肉屋の店員から会社の上司を連想した。しかし夢全体の意味はわからなかった。
私は、その肉屋は彼の父親であり、肉屋のナイフは去勢不安を暗示する父親のペニスであり、時計は母親、もしくは母親の女性器なのだろうと伝えた。
彼はその説明に同意した。
患者：当てはまります。でも、実際の状況とは離れ過ぎていて、あまりおもしろくないですね。
私たちは、時計が意味することを考え続けた。
患者：時計は承認を意味するのかもしれません。（セッションの終わりにさしかかっていた。）……私はうまくやっていると思いますか？　先生の他の患者さんはどうですか？
治療者：あなたはとても熱心にご自分のことを分析されていて、かなりよくやっていると私は思います。でも、どうしてそのようなことを聞くのですか？
患者：恐らく、先生に認めてもらいたいからです。私は、先生の他の患者さんと競っているんだと思います。
治療者：（机の上の腕時計を見て）あなたはこの時計が欲しいのですね？
患者：ああ、私は先生と競っているというわけですね（笑）。ずいぶんと気分がよくなりました。

第16回目　X年6月2日

患者：調子はいいです。実のところ、夢以外に話すことがありません。
夢の中で彼は、家に帰ったら寝室に二人の泥棒がいることに気づいた。彼は、泥棒たちと戦い始めた。それは大人二人と戦う子どものようだった。それから彼は車を運転していて、その泥棒たちが高速道路上に立っているのを見つけた。彼は彼らが可哀そうになって、車を停めて乗せて送っていった。
患者：この夢が何を意味するのか全くわかりません。

私たちは、この夢の取り扱いだけに1時間を費やした。彼はこの夢から、最近の状況を連想した。彼の考えでは、家に侵入してきたこの泥棒は、他の人たちからの非難を意味し、家は彼のテリトリーや彼の心を意味していた。泥棒たちと戦ったことは、彼を非難する人たちへの怒りを表している。自分で車を運転するのも、怒りを表現したものである。そして、泥棒たちを車に乗せてやったというのは、仲直りである。

その家と車は女性と考えられると私は伝えた。彼はその夢から、友達が彼のガールフレンドを奪おうとしている状況を連想した。

そして私は、その女性とは彼の母親であり、二人の泥棒とは彼の父親と弟ではないかと伝えた。このことで彼は、父親がオーストラリアから帰って来た時、父親に自分の居場所を取られたことを思い出した。彼は十分に納得した。

そして最後に彼は、「良くなってきた」、自信もついてきたので隔週にしたいと希望し、私も同意した。

［その後、治療者はA病院のカンファレンスにケースを出すよう言われ、この患者を選ぶことにした。そこで、医局長であるR医師が、患者に出席依頼の手紙を出し、打ち合わせを兼ねて一度面接したところ、本人はカンファレンスに出席することに同意している（A病院では、当時、患者がカンファレンスに招待されていた）］。

第17回目　X年6月16日

彼は嬉しそうであった。彼は私を見て微笑んだ。

患者：先生は、私が先週R医師[10]に会ったのをご存知ですよね。

10　当時の医局長である。

治療者：ええ。来週の月曜日にあなたの問題について話し合おうとおっしゃってました。
患者：R医師が手紙をくださるのを楽しみしています。
治療者：彼は、すでにあなたに手紙を送ったとおっしゃっていましたよ。
患者：えっ？　まだ受け取ってませんが。私と行き違いで今朝届いたのかも。
治療者：手紙に書いてあるのは、彼が11時30分にあなたに会いたいということと、あなたがその手紙を確かに受け取ったかどうかを外来部門の秘書に伝えてほしいということのようです。
患者：はい、わかりました。何だか怖いですね……。とにかく明日、連絡を取って、カンファレンス[11]に出席すると伝えることにします。……私がR医師と話し合ったことを先生は全部ご存知なのですか？
治療者：いいえ。
患者：そのことについて話してもよろしいですか？
治療者：どうぞ。
患者：R医師は、参加者たちがカンファレンスで私に尋ねるであろうと予想される質問をたくさん教えてくれました。でも私は、それらの全く思いがけない質問にちゃんと答えることができませんでした。例えば、何のために精神療法を受けているのか？　とか。先生は精神療法の目的が何であるか、私に言ってくれなかったですよね。私の抱える問題を明らかにすることこそがその目的だと思うんです。私は、精神療法とは経験から学ぶことだと思うのですが、当たっていますか？
治療者：私からは何も答えないことはご存知のはずでしょう。
患者：（微笑んで）ええ、わかっています。でも、私たちがここで何をしているのか、どこに向かおうとしているのかがはっきりわからないので、少しイライラしていますし、その質問にちゃんと答えられないのではないかと思うと心配になります。
治療者：私にはそうした質問に正しい答えがあるとは思えませんので、あなたが感じた通り、思った通り答えればいいでしょう。
患者：はい、それはわかっています……。あぁ、そう言えば、R医師は「あなたの調子がよくなってきて嬉しい」と言っていました。どうしてR医師が喜ぶのかわかりません。私がここで何をしているのか知らないはずなのに。
治療者：前回のセッションの最後にあなたが言ったことを私が彼に伝えたので、彼は喜んでいるのです。あなたは「調子がよくなっている」と言いましたから。
患者：そうでしたね……。
実は私は、私とR医師が彼の回復を過大評価していることに、彼が少し怒っているのではないかと感じていた。
患者：私はR医師から、心理的な問題と身体症状との関連がわかっているかと尋ねられました。本当のところ、自分の問題はとても心理的なものだとわかっています。でも、それらがどのように関連し合っているのか、私の中ではまだはっきりしていないんです。
治療者：あなたの治療を始めて以降、深刻な身体症状は全然出ていないので、私たちはそのことについて話し合ってきませんでした。これは重要なことだと思います。心理的な問題と身体症状が関連づけられることについて、あなたはどのように考えますか？
彼はその関係を、周囲の人を拒否し自分を守るバリアを張り巡らせるという表現で説明し始めた。そして、そのバリアこそが症状なのだと認めた。これは、初診医であるY医師による解釈を彼なりに言い換えたものだった。
治療者：しかし、その症状にどのような働きがあるのかがまだはっきりとはわかりません。もしあなたの問題

11　北山による症例論文（本書193～203頁）にある「症例検討会」のこと。大森の解説に詳しく記載している。

が非常に心理的なものであるのなら、あなたは症状にまつわる何らかの気持ちを表現していてもおかしくないでしょう。

患者：確かに。これまでそのことについては考えたことがありませんでした。先生のおっしゃることは興味深いですね。

治療者：そうした症状が現れたのはいつのことですか？

患者：大学進学のために親元を離れた時です。それまでそんな問題は全くありませんでした。

治療者：実家を出るまではそのような問題は全くなかったのですね。そうであるなら、その症状は家族と離れたこととかなり関係しているわけですね。

患者：ええ、そうだと思います。

治療者：ご両親と離れる時、どんな気持ちでしたか？

患者：拒否された感じと、無力感がありました。無力だと感じたら緊張してきて、首がこって、頭痛がしてきたんです。

治療者：しかし、誰があなたに無力だと感じさせたのでしょう？

患者：両親です。

治療者：ご両親と一緒にいて感じていたのは無力感だけでしたか？

患者：私は両親に怒りも感じていました。そう、怒りです。怒って両親に向かって怒鳴りつけたこともあります。でも大学に行ってからは、その怒りをぶつけることのできる相手が誰もいませんでした。大学に入学してからも自分がどれほど怒っていたか覚えています。怒りを表現するのが怖かったのです。それで、その怒りを押さえ込まなくてはいけなかったので、緊張が高まって症状が出たんだと思います。

治療者：どうして怒りを押さえ込まなくてはいけないと思ったのですか？

患者：怒りをぶつける相手がいなかったからです。そう、そうなんです。

彼は、私たちがどこに辿り着こうとしているかについて確かな手応えをつかんだようだった。それから彼はその症状について説明しようとした。しかしその時、彼の説明には怒りの働きが全く含まれていなかった。私はそのことを指摘した。

治療者：恐らくあなたはまだ、怒りを受け入れることが難しいのでしょう。

患者：はい……。

彼はそのことに十分に納得した。症状形成における鬱積した怒りの重要さが彼にはよくわかったようだった。

私は両親との離別と、私との離別を結びつけた。そして、彼が私に対しても怒っているのではないかと伝えた。

患者：いいえ。でも、前回のセッションが終わった後、先生と2週間会えないと思って少し落ち着きませんでした。……私はR医師に腹を立てていました。R医師のせいで、私は無力であると感じました。彼に会うと、妄想的な考えが浮かんできました。彼は私の中にずかずか入ってきましたが、私の疑問には答えてくれませんでした。彼は答えを全部知っているくせに、私にはちっとも教えてくれないと思いました。だから私は、カンファレンスでもひどく攻撃的になってしまうんではないかと心配になりました。みんなに笑われてしまうのではないかとも感じました。でも、これはいつもと同じパターンなんです。……そう、私が必死になって答えを求めているのに先生が何も答えてくれない時、私は先生に対して攻撃的になっていました。

治療者：あなたは自分が拒否され、攻撃的になったように感じたのですね。

患者：今、私の問題に対する答えが見つかったように思います。どうしてこれまで、このことについて話し合わなかったのか不思議なくらいです。

治療者：あなたがそのテーマを話題にしなかったからですよ。

患者：実際のところ、時々頭痛がありました。今でもあります。でも、本当に少しずつですが減ってきています。

治療者：社会不安の方はどうなりましたか？

患者：それはまだあります。その点に関しては、個人精神療法でよくなるとは思いません。

治療者：そうですか。恐らくあなたは、それについては集団精神療法の中で取り組む必要があると思っているのでしょう。

患者：はい。

私は、彼が私を価値下げしているように感じたが、同時に、彼は自分の問題に対しても非常に現実的に向き合っているとも思った。

治療者：それではまた月曜日にお会いしましょう。

患者：先生もいらっしゃるのですね。

治療者：はい。

患者：それはよかった。

私も嬉しかった。

特別症例カンファレンス　配付資料　X年6月21日（月）［119―120頁と重複する］

ケース発表者：医師・北山

患者：Z氏　25歳の男性

問題：いつ治療を終結とするか

来所経路：X－1年8月、W医師が診察し、4回の治療で様々な身体症状はある程度まで改善した。その後、本人が症状の心理学的な基盤についての理解を深める援助を希望し、紹介された。

病歴：「子どものときより、いつも神経質で、特に夜はひどい」。時々、「頭痛、めまい、動悸のような身体症状がある」。それが2年程前からひどくなっており、この数ヶ月間は特に苦しくて、胸の痛みは癌のせいだと思い込んでいる。

家族歴：父親：53歳、会社員。「患者に対して攻撃的で意欲的で理想が高く、挑戦的」。また、心気症的とも言える。母親：44歳。医療職として働く。患者には多少近い存在だが、支配的に感じられる。弟：23歳、遠い存在。「家族間の様々なしがらみに、かなり鬱憤が溜まっている」。家族に精神科既往歴はない。

生活史：子どもの頃は、極端にはにかみ屋で、自信がない子どもだった。長く太り過ぎだった。9歳時にオーストラリアへ移住し、その後、精神的に非常に不安定な状態となる。友達らしい友達はひとりもいなかった。15歳で帰国し、X－7年、大学入学のために家を出るが、適応することや、人づきあい合いと仕事とのバランスをとることが非常に難しくなった。

性生活：17歳の時に初めてのセックスを経験するが、インポテンツで、自分が同性愛ではないかと心配するようになった。それで非常にわずかな期間だが精神科を受診する。その後、長続きしない関係を重ねて、昨年、医療職の女性と付き合うようになり、現在は一緒に暮らしている。

職歴：技術者として1年間働いた後、X－2年に公的な資格をとる。それ以後、自信のないことに気を病むことはあるが、仕事の面では成功している。

既往症歴：特になし

病前性格：「非常に几帳面で、イライラしやすい人間」と自ら語る。ひとりでいると不安になるが、人と一緒にいても拒否されたと感じやすい。攻撃性を身体から発散するために空手をやっている。

現在の精神状態：表面的には十分適応的で、合理的で知的な人物であるが、強迫的な特徴を合わせ持つ。抑うつ的ではないが、明らかに自分のことについて不安で自信が持てない。

セッション：週1回だったが、最近は隔週。現在までに17セッションを終えている。

夢

1）飛行機がコントロールを失い、高層ビルの上をすれすれで飛んでいたが、結局地上に墜落する。恐怖。（反復夢）

2）寝室の窓から外に誰かが見えて、その人が部屋に押し入って来て襲われそうに感じた。怖くなって飛び起き、戦い始めるが、誰もいないことに気がつく。（第3セッション）

3）母親とセックスしている。母親を価値下げしているように感じた。（第10セッション）

4）彼は囚人で、威張ったボスから挑まれて、「お前は飛行機からジャンプできないだろうな」と言われる。勇気をふるってパラシュート・ジャンパーとしてジャンプしたら、地上に降りながら非常に幸せな気持ちだった。（第11セッション）

5）前治療者[12]とセックスしている。受け入れられ、支えられ、彼女と溶け合って一つになった感じがした。（第12セッション）

6）パラシュート飛行の訓練を受けていた。クラスの中で上官や同僚たちから非難され、「お前なんか嫌いだ」と叫ぶ。（第14セッション）

7）安い肉を買いに肉屋に行った。その肉屋は大男で手にナイフを持っており、自分が小さくて無能だと感じる。そして、自分の腕時計がないことに気づき、肉屋の腕にはめられた時計が自分のものだと訴えて肉屋を非難した。結局、自分のものではないとわかり、馬鹿だと感じた。（第15セッション）

8）家に帰ると2人の泥棒たちがいて、彼はそれと戦い始めた。その次の場面では、車を運転していてその2人を路上に見つけたので、彼らが可哀そうになって、車に乗せて送っていった。（第16セッション）

第18回目　X年6月23日

患者：調子いいです。……カンファレンスについて話した方がいいですか？
治療者：話したければどうぞ。
患者：はい。かなり怖かったです。
彼はいかに不安であったかを話し始めた。
患者：話したかったことを全て話すことはできそうにありません。カンファレンスのあと、私は先生の役に立てていないと感じました。[13] 私はうまく答えられなかったと思います。カンファレンスの前に、先生に質問を用意していただいておけばよかったのに。
そして彼は、思い出した質問事項について話し始めた。彼が未だに興味を持っているその質問は、Q医師が尋ねたものだった。
患者：彼が何を明らかにしようとしていたのかわかりませんでした。
治療者：その質問についてここで話し合いたいと思っているのですね。
患者：はい……。まず、なぜ私は空手をするのか自分でも未だにわかりません。健康を保つためにやっているのは確かですが。
治療者：この前、あなたは空手をあなたの中の怒りと結びつけましたよね。
彼はカンファレンスで説明したのと同じように説明し始めた。
患者：私は、自分を拒否した人たちをやっつけられるくらい強くなりたかったんです。

12　W医師のことである。
13　原文は、I felt I was not helpful to you.

治療者：いつから空手を始めたのですか？
患者：5年前です。
治療者：それは、最初に症状が出た頃ですね。
患者：ええ。私もそれは見逃せない点だと思います。

彼は、空手と自分の抱える問題との関連を、怒りや無力感という観点から説明し始めた。私にはとてもうまく説明できているように思えた。

患者：私の言っていることは正しいと思いますか？
治療者：私には、あなたがご自分の説明に決して満足していないように思えるのですが。
患者：だって、私は完全主義者ですから。私はいつも、自分がどこか間違っているのではないかと思っています。そう、これこそが私の根本的な問題なんです。
治療者：それで、あなたはご自分が不完全だと感じるのですね。
患者：そのことは、私たちが今まで話し合ってきたことと関係していると思います。先生は、私が不完全だと感じるのは私の両親のせいだと思っているのでしょう。

そして彼は、自分が不完全だと感じることと、両親の態度との関係について説明した。

患者：いかにもありがちな説明でしょ？
治療者：あなたはそれでも満足していないですね。
患者：ええ（笑）。先生は正しい説明がわかっているのに、わざと私に教えてくれないように感じます。私はただ、その問題を突き止めて、葬り去りたいだけなのに。

彼はとても攻撃的になってきているように見えた。

治療者：どうしてその問題を葬り去りたいと思うのですか？
患者：あぁ、私は少し攻撃的になっていますね。

私は、彼のどこか間違っているのではないか、あるいは不完全なところがあるのではないかという感じと、彼の攻撃性を結びつけた。そして、彼が自分の怒りでもって多くのものを壊してしまったと感じているのではないかと伝えた。

治療者：夢の中で、あなたはいつも戦っています。恐らく夢と空想の中で、あなたは多くのものを壊し、多くの人を殺してきたのでしょう。

この解釈は、彼の心にかなり響いたようだった。彼は黙ってしまった。

患者：とても後悔しています。

治療者：完全主義者になることによって、自分が与えた損傷を修復しようとしているんでしょう？

患者：はい……。

治療者：あなたが望むような完璧な患者になることが可能だと思いますか？

患者：ええ、思います。私は完璧な患者になって先生の価値を下げる[14]ために、自分自身の精神分析に取り組んでいるんです。

治療者：そう、だからあなたの完全主義はあなたの怒りと非常に緊密に結びついているのです。破壊して、そしてそれを修復するという。

患者：そうですね……。

第19回目　X年7月7日

彼は先週、面接を休んだ。

患者：私はどうしたらいいでしょう？　特定の事柄について話し合ったほうがよいですか？

14　原語は、degrade.

治療者：あなたが話したいことを何でもどうぞ。

患者：わかりました。ふたつの問題について話そうと思います。ひとつは劣等感についてで、もうひとつは他人の行動を誤解してしまうことについてです。

彼はこれらのふたつの気持ちについて交互に説明した。

患者：ああ、このふたつは同じものですね。前にも話し合ったように思います。同じことをもう一度話すことにあまり意味があるとは思いません。……何も考えられません。話すことがありません。たぶん、調子がいいからでしょう。……何となく先生に対して攻撃的な気分です。この面接が終結に向かっていることとは関係ないと思いますが。

治療者：あなたの私に対する攻撃性は、やがてこの治療が終結して私たちが別れることになることとは関係ないと思うのですね。

患者：いや、その可能性はあると思いますよ。でも、先生がこの病院をお辞めになること[15]はちゃんと納得しているつもりです。

治療者：ではどうして私に対して攻撃的な感じがするのでしょうか？

患者：わかりません。多分、先生を退屈させているような気がするからでしょうか。

治療者：これは、人を惹きつけられないとひどく攻撃的な気持ちになるという、あなたのよくある状況だと思うのですが。

患者：その通りです。

そして彼は、月曜日に起こった出来事を話した。彼が友達と一緒にパブでビールを飲んでいたら、一群の人たちがやってきて、彼に一瞥もくれずに飲み始めた。彼は非常に怒り、自分が彼らから拒否されたように感じたというのである。

患者：これは、私の問題の典型的な例ですよね？

続いて彼は、幼少時代について話し始めた。13歳の頃に彼が拒否されたと感じた友達について話し始めた時、私は「その当時は、自分が同性愛者ではないかと心配した時期ですよね？」と尋ねてみた。なぜならば、彼の男性を惹きつけたいという思いと同性愛との関係について話させたいと思ったからだった。彼は非常に率直に応じて、自分の同性愛傾向について詳しく話してくれた。13歳の時、彼にはとても男性的で強い友達がいた。その友達と一緒にいると、彼がまるでスーパーマンのように感じられた。男性に強く惹かれたのだ。彼はその友達を信頼していたが、その友達が別の友達を作ると、彼は拒否されたように感じ、みんながその友達を嫌いにさせるようなありとあらゆる策を弄したのだった。

患者：私は彼にすごく心を開いたのに、彼が別の人間になびいていったので、私はとても傷つき不安定になり、ひどく攻撃的になったのです。

治療者：私が思うに、拒否されたと感じるよりも前に、まず先に男性を惹きつけたいといった類の願望があなたにはあるようですね。

患者：その通りです。でも、ただ誰かに心を開きたいと思うだけでは異常なことだと思いません。相手が私を拒否する兆しを見せると、私は不安になるのと同時に強い怒りを感じるんです。

治療者：ここでも同じことが起こっていると思います。つまり、あなたは私に大きく心を開いているのに、私が日本に帰国しようとしているから、あなたは拒否されたと感じる。そして、来週あと1回しか会えないことに不安になり、私に対して攻撃的な感じになるのでしょう。

患者：ええ。恐らく。

治療者：そろそろ時間が来ました。

患者：来週はどのようになるのでしょうか？

15　原文は、your going であり、この時点では、日本への帰国なのか転勤なのかは患者には明確になってはいない。

治療者：あなたが望むように。

患者：先生の話が聞きたいです。私の問題のまとめのようなものを聞かせてほしいです。

治療者：それはできません。いつも通りの面接をするだけです。

患者：（納得して）わかりました。先生は何の保証も与えてくれないんですね。

治療者：はい。

第20回目　X年7月14日　最終回

患者：最後のセッションというのは何か違うのですか？

治療者：何か違いを感じますか？

患者：いいえ。一連の行程はもう終わったと思います。全ての問題を取り扱ったと思います。でも、もうひとつだけ話し合いたいことがあります。私の食べることに関する問題です。

そして彼は、きちんと食事を摂ることができないことについて話し始めた。彼は、空腹時には不快を感じ、満腹な時には余裕がなくなり無力感を覚えるのだった。

空腹時は、彼は自暴自棄になって余裕がなくなる。そんな自分に罪悪感を抱きながらたくさん食べ始める。満腹になると、自分をみすぼらしく感じ、安定感を失ってしまう。

治療者：それは恐らく、あなたが幼少期から抱き続けてきた気持ちなのでしょう。

彼はその理解を十分に納得した。すると、たちどころに彼は、その問題から、母親が彼に食べるよう強要していた記憶を連想した。空腹な時は母親の注意をひくことができた。しかし、満腹になると、彼は母親からの注意をひくことがほとんどできなかった。

患者：ええ。これこそが正しい説明なのだと思います。でも、どうしたらこの葛藤を解消することができるでしょうか。これは、勝ち目のない悪循環です。多分、催眠術を受ければ治るんでしょうね。先生もこの食べることに関する問題は催眠術で解決するとは思いませんか？
治療者：あなたは魔術的な治療に期待しているんですね。
患者：ええ。先生はどう思いますか？
治療者：私は催眠術に関して何かあなたにアドバイスできる立場にはありません。
患者：ああ、先生はイライラさせますね。私は催眠術が科学的な心理治療だと思っているんですよ。
治療者：私は、あなたが今日のこのテーマを取り上げた冒頭部分が重要だと思います。あなたは冒頭で、この治療の一連の行程が終わり、全ての問題を取り扱ったように思うと言いました。恐らくあなたは、私の精神療法をすでに十分に受け、二人で行う精神療法に魅力を感じなくなったのでしょう。
患者：恐らく……、はい。

そして彼は、自分の食べることに関する問題を、母親の愛情という観点から説明した。そしてついに、食べ物、母性的な安らぎ、そして安全感[16]の3つの明確な結びつきを受け入れた。

治療者：それにしても、なぜ太り過ぎるまで過食するのだと思いますか？
患者：いい質問ですね。実は私は食べる量をコントロールすることができないのです。もし目の前にたくさんの料理があったら、全てを食べ尽くすまで食べるのを止めることができません。ちょっとだけ食べて満足するということができないんです。
治療者：きっとあなたは、あなたの心の中にいるお母さんが満足してくれるまで食べ続けなくてはいけないのでしょう。実際には、お母さんがたくさん食べるようにあなたに強いるから、あなた自身も食べる量をコントロールできなくなるんでしょうね。

彼はこの理解を深く納得した。

16　原語は、food, maternalistic comfort, security.

患者：この問題を話し合えてよかったです。今日この話題を取り上げたのは、それが万事うまくいくために解決しなくてはならない最後の問題だからだと思ったからです。だから今、最後にこの問題に直面しなくてはならなかったのです。

治療者：そうですね。これからはおひとりで対処しなければならないのですから。

患者：ああ、先生とはもう会えないのですね。

治療者：はい。

患者：悲しいです。何と言っていいのかわかりません。

治療者：あなたとお会いし、多くを学ばせていただきました。

患者：私も同様です。

（握手）

患者のその後についての連絡（A病院V医師より）

X＋2年10月10日

拝啓　北山先生

先生が出されたU医師へのお手紙に私がお返事を書きます。彼が不在だったため、代わりに私が受け取ったからです。私は現在、上級研修医として精神療法部門で働いており、先生のことや先生がされているお仕事について、とても興味深くお聞きしました。

（中略）

Zさんについてです。この患者さんは、X年11月からX＋1年6月にかけて、S先生とT先生によって行われた集団精神療法に参加していました。この患者さんには先生との治療が大いに役立ったようです。彼はそのグループの中で非常に重要なメンバーで、支持的で感受性が鋭く、そしておそらく他の患者さんたちに最も受け入れられた人でした。彼は、先生との個人精神療法で言及されたテーマに再び取り組み、特にそのグループの女性患者たちとそのテーマを共有できるようになることが有効だと気づいたと言っています。それと同時に、妻との関係も改善したとのことです。

以上の情報が先生の論文作成に十分役立つであろうことを願っております。もし他にも必要なことがあればご連絡ください。

敬具

解説――男性症例Z氏

大森　智恵

はじめに

この治療記録は、北山がA病院にて2年間の研修を受けた際のものである。A病院は英国圏の大学医学部の卒後教育のための研修機関であり、北山はその期間、クリニカル・アシスタントとして研修を受けていた。北山は当時、28歳。この治療は29歳という若さで行ったものだ。２０１６年に北山が古希を迎えたことを考えると、現在（２０１７年）から遡って、40年以上も前のケースである。ただ、40年という年月が経っているにもかかわらず、その鮮やかさはまったく失われていない。それどころか、今でもその場の雰囲気が、まるで面接室内にともにいるかのように鮮明に伝わってくるものである。

とにかく生き生きとしたテンポのよい治療である。治療期間は半年間、セッション数はわずか20回という、私たちの通常の精神分析的精神療法（精神分析的心理療法）からみるとかなり短い期間に、患者はある達成を遂げている。ここでまず断っておくべきことは、北山が短期間の精神療法を〝よし〟としているわけではけっしてなく、留学期間の理由からやむなく半年間となったということである。しかし、始まりの時点から期限が決められていたことの影響は、当然ながら大きい。ある側面から見れば、短期間であったこと、これこそが、北山と患者との生き生きとした交流をもたらしたとも言えるだろう。ただそのような背景を前提とした上でも、私たちが北山の治療記録を追ってみることは意味あることだと思われる。精神分析的精神療法（精神分析的心理療法）は、自分自身の見たくなかったものに出会い、大きな心的苦痛を感じるものではあるが、同時に、自分が想像もしていなかったことが展開し、自分の予想を超えたところで新しい何かが生まれるものでもある。そうしたプロセスが、この治療記録に見事にあらわれていると思うからだ。またこのプロセスには、北山の人となり、そして北山の精神分析に対する考えが色濃く反映されているのである。

具体的なケースに入る前に、今回のケースが行われたA病院の背景、および構造について、簡単に述べたいと思う。どのケースもそうであるが、精神療法を検討する際には、それを支え抱える環境、つまり臨床現場が具体的にどのような状況だったのかを知っておくことは重要であろう。

当時の精神療法ユニットとしては、まず、4人のコンサルタント・サイコセラピスト、1人のシニア・レジスター、3人のレジスターを中心に、5人のシニア・チューターと数名のクリニカル・アシスタントからなり、全員が精神科医である。また臨床における活動は大きく分けて2つあり、主にコンサルタント・サイコセラピストやシニア・チューターによるアセスメント面接、およびレジスターやクリニカル・アシスタントによる精神療法である。当時、一般外来、関連病院、病院外の医師から紹介される患者は年間200例以上あり、アセスメント面接によって精神療法が必要、または適応と認められた患者のうち、約半数が個人精神療法、残りが集団精神療法を受けていたようだ。そして原則として、精神療法を行う治療者全員がスーパーヴィジョンを受けるシステムがあり、豊かな訓練体制が想像できる。またこの精神療法は、イギリス政府が社会保障制度の一環として発足した国民保健サービスのもとで、原則としては貧富、人種、職業を問わず、無料で患者に提供される。実際には、大部分の患者は中産階級以下の人たちであり、経済的に余裕がある人は、時間と回数が比較的自由になる個人的な治療者や精神分析家を訪ねていたようである。

治療記録について

このような状況を背景として、具体的にケースを検討してみよう。今回、私が論じるのは、A病院で北山が担当した25歳の白人の男性患者Z氏、北山が当院で担当した2例目のケースである。

まずY医師によるアセスメント面接の情報から、彼の概要を順に追っていこう。「来所経路」を見ると、北山による治療が始まる約5ヶ月前にA病院とは別の医療機関にてW医師（女性）に診察を受けている。「4回の治療で様々な身体症状はある程度まで改善した」、とあることから、いわゆる「転移性の治癒」[1]が生じたことが推測される。もともと治療に反応しやすい人でもあるのだろう。しかし彼はそれでは終わらず、その後、「心理学的な基盤についての理解を深め」たいと希望したようである。症状が治まればそこで満足する患者が多い中で、さらなる治療を求めたことを考えると、治療のモチベーションおよび潜在的なニーズは高いのだろう。W医師からの紹介で、A病院にてY医師がアセスメント面接を行い、その約3ヶ月後に北山による治療が開始されている。

次に「病歴」に入る。「子どものときより、いつも神経質で、特に夜はひどい」。ときに、「頭痛、めまい、動悸のような身体症状がある」と述べられている。一般的によく使われる「神経質」という言葉であるが、具体的に彼はそれをどのようなものと捉えていたのだろうか。身体症状が生じやすいことからも、様々な気持ちをこころで感じ抱えきれないことが想像できる。受診する2年程前から症状がひどくなったとあるが、2年前とは、彼の「職歴」を見てみると、公的な資格をとった頃である。何かを達成すると調子が悪くなる、いわゆる〝昇進うつ〟が連想される。治療においても何かが達成および進展したと感じられた時に、調子が悪くなることも予想されるが、ひとつの可能性としておいておきたい。また、「この数ヶ月間は特に苦しくて、胸の痛みは癌のせいだと思い込んでいる」とあることから、心気的な傾向もうかがえるだろう。[2]

「家族歴」に入る。父親（53歳）は、彼に対して「攻撃的で、意欲的理想が高く」、「挑戦的」とある。また「心気症的」でもあるようだ。この「心気症的」とは、先に述べた彼自身の傾向と重なるだろう。父親の「心気症的」な部分の「取り入れ」が起きているのだろうか、または父親への投影が生じているのだろうか。一方、母親は医療職であり、「多少近い存在だが、支配的に感じられる」とある。母親に関しては年齢が気になるところだ。患者の年齢が25歳、母親が44歳とある。これが正しいとしたら母親が19歳の若さで彼を出産したことになる（北山はこの母親の若さについて、特に言及はしていない）。当時の父親はというと28歳。両親の出会いがどのようなものだったのか、彼がそれをどのように空想しているのか。これは両親が高齢である場合や、両親の年齢差が大きい場合は特に聞いてみたくなるところだ。弟は2歳年下の23歳で、「遠い存在」、「家族間の様々なしがらみに、かなり鬱憤が溜まっている」とある。「遠い存在」とは、心的に遠いということなのか、物理的に遠いということなのかは不明であるが、実際、遠方に在住しているということであれば、物理的に距離を取ることができるということである。親に対してネガティブな思いを抱きながらも、距離を取ることができない患者が多いことを考えると、もし物理的に距離を取ることができているのであれば、弟の健康な部分が感じられる。

次に、彼の「生活史」を検討してみよう。情報量としてはやや少ない印象を受ける。実際、彼が語った情報が少なかったのだろうか、つまり、これくらいの量しか語れなかったのだろうか、それとも実際はもう少し情報は多かったが、そこから重要だと思われる部分だけ抽出して書いているのだろうか。子どもの頃は、「極端にはにかみ屋で、自信がない子どもだった。長く太り過ぎだった」と言う。〝太り過ぎ〟という言葉は、後にも母親との関係において彼のキーワードとなるものである。これについては後に改めて検討したい。その後、オーストラリアへの移住や大学入学のために家を出るなど、馴染みの場から遠ざかる度に調子が悪くなっていることがわかる。

「性生活」に入ろう。アセスメント面接の段階で、患者のセクシュアリティを聞くことは重要である。セクシュアリティにその人のあり方があらわれると言っても過言ではないからだ。彼は、17歳の時に初めて性体験をもつが、「インポテンツで、自分が同性愛ではないかと心配するようになった」とある。心配や不安になった際に彼がどのような対処方法をとるのか、つまり彼がどのような防衛を取りやすいかをみてみよう。彼はインポテンツで自分が同性愛ではないかと心配した後、精神科を受診している。しかしそれは短期間のみであり、その後、「長続きしない関係を重ねて」とある。このことから、不安が高まった際、行動することによって不安や葛藤を解消する、つまり〝行動化〟する傾向がうかがえるだろう。また治療が始まる1年前に医療職の女性と付き合っていることから、この付き合いおよび同棲が彼の中の何らかの葛藤を刺激している可能性も示唆される。そして同棲相手の職業からは、母親の職業が自ずと思い出されることだろう。彼女らは同じ職業、医療職である。

「職歴」としては、技術者として1年間働いた後、先に述べたように治療が始まる2年前に公的な資格をとっている。公的な資格をもつ職業や、「仕事の面では成功している」とのことから、知的には問題はなく、むしろある程度高いことが推測される。ある程度の知性は、精神分析的精神療法には必要なものであろう。そして最後に記述されている「病前性格」は、「非常に几帳面で、イライラしやすい人間」とのことである。これをそのままの意味で取るならば、強迫的な傾向が想像されるだろう。イライラが自分に向かいやすいのか、他者に向かいやすいのか、このあたりも気になるところだ。「攻撃性を体から発散するために空手をやっている」とあるが、これも「性生活」で出てきたように、衝動や不安や葛藤を行動することで解消しようとする〝行動化〟の傾向が推測される。ただ「空手」に関しては病的なものではなく、むしろ健康的なかたちで解消している可能性もあるだろう。

読者は、白人である彼が、日本人である北山を実際に目の前にした際、どのような感情を抱くだろうかと思うかもしれない。これに関して北山は、もともとA病院には多種多様な人種の医者がおり、そこに日本人がいても、それほどおかしなことでも稀なことでもないと語っている。ただそれでもやはり、患者にとって自分の治療者が異国人であるということは、何らかの影響をもつだろうと思う。これについて北山は、「マレビト」という言葉を連想している。「マレビト」とは、「まれに訪れてくる神、または聖なる人」であり、「日本の古代説話や現行の民族の中に、マレビトの来訪を巡る習俗が認められる。古代人はマレビトを一定の季節に訪れてくる神とし、この世に幸福をもたらすために、海のかなたから訪れるとも、また蓑笠で仮装して出現するとも信じていた」(ブリタニカ国際大百科事典) とある。北山はA病院の中である種、そのような存在だったのだろうか。少なくとも、北山が英国人ではないという点では、患者がそのような印象や空想をもつ可能性もないわけではないだろう。またもしかしたら患者自身が、英国という文化の中で、自分をある種の「マレビト」だと感じていた可能性も連想される。

さて、実際の治療記録に入ろう。彼はすでにこの時点で、身体症状はほとんど消失しており、仕事もうまくいっており、一番困っていることは「自信がないこと」だと話す。そしてY医師とのアセスメント面接を通じて、自身の問題が幼少期に関係していると思い、具体的には、父親、母親それぞれとの関係に問題を感じているようだ。このように、患者が面接の中で両親について語ることは非常に多い。この時、もちろん患者の実際の両親がどのような人物なのか、ということは重要ではあるが、それと同じかそれ以上に重要なことは、その患者が両親をどのように体験していたのかということである。これは患者の内的対象がどのようなものなのかを知る上で大切なことであろう。少なくともその時点でそれは、患者にとって真実なのである。また治療の中でどのような転移が発展しやすいのか、この患者の内的対象との関係こそが、治療者に転移されると言ってもよいだろう。さらに言えば、内的対象が治療の中でどのように変化していくのかしないのか、ここも重要なところである。彼は母親についてどのように語っているだろうか。彼の母親体験は、自分が「肥満気味であったにもかかわらず、食べることをいつも強要していた母親に腹を立てていた」というものである。また父親体験は、「コミュニケーションがとれない」ことと、「大変な野心家だったので、そのことが彼を悩ませていた」こと、そして「父親を喜ばせるために一生懸命頑張らなければならなかった」ことを話す。こうした両親との体験が治療の中で、いわゆる転移としてあらわれる可能性があるだろう。

またこの第1回目のセッションで、彼のキーワードとなるものが出てくる。それは、「精神的不安定さを感じた時に、その状況を回避するために垣根〔バリア〕をつくる」というものである。北山はこれに対して、「子どもの頃から垣根をつくり始めていたのではないか」ということと、「身体症状は精神的に不安定な状況を回避するためにつくられた垣根」であるということを指摘し、患者は率直に認めている。初回の面接で患者とこのようなやりとりをし、その患者のキーワードとなるものを共有することは、治療同盟にもつながることであろう。

その後、患者は、北山に2つのことを尋ねている。治療がどれくらい続くのかということと、北山が面接の後、毎回、記録を取るのかどうかということである。北山は、ひとつ目の質問に対しては、はっきりとはわからないとした上で、8ヶ月後にA病院を離れる予定であること、ふたつ目の質問に対しては、彼が自分との間でコミュニケーションをとれるかどうかを心配しているということに触れている。北山のこの後者の解釈は、先に述べた患者と彼の父親との関係を考慮した上でのものであろう。これに対して彼は否定しているが、今回に限らず、実際の患者の解釈に対する反応はそれほど重要ではなく、その後の反応および連想が重要であると思う。また、北山の「8ヶ月後にA病院を離れる予定である」ことを彼がどのように感じたのか。時間の関係で、ここで第1回目は終わっているが、次回、どのようにあらわれてくるのか気になるところである。

第2回目に、彼は父親に対していつも憤りを感じていたことを話し、その後、夢を報告する。それは、高層ビルの上をすれすれで飛んでいた飛行機がコントロールを失い、最後に地上に墜落するという飛行機事故の夢である。非常に印象的な夢である。北山がこの夢を父親に対する憤りと結びつけて解釈すると、彼はいったん迎合的に反応するが、よくわからないと答え、その後、父親に対する怒りとともに、母親への怒りへと連想が展開する。この連想の展開をみてみると、北山のこの解釈は的を射たものであることがわかる。先に述べたように、患者が解釈に対して否定したり、ピンときていなかったりしたとしても、その直接的反応ではなく、大切なのはその後の患者の連想であることを改めて感じるところである。ここでさらに北山は、彼のこころの中の攻撃的な部分に言及する。彼はこの解釈に対して最初は否定するが、次第に肯定とも否定ともとらえ難い反応をする。自分のこころの中の攻撃性を認めることは、彼にとって相当の苦痛をもたらすものであるのだろう。またこの夢は、高層ビル、飛行機というファリック（男根的）な象徴がコントロールを失って墜落するという去勢不安や、彼がアセスメントで語ったインポテンツを連想させる。彼は、後にもいくつかの非常に興味深い夢を報告するが、夢がどのように変遷していくのか、どのような展開が生まれるのか、興味深いところだ。

一方、この夢を別の角度から捉えてみたい。第1回目の最後に、北山は8ヶ月後にA病院を離れることを伝えているが、彼にとって相当大きなことであるにもかかわらず、それに対する彼の直接的な反応はなかった。第2回目の最初に父親への憤り、そして報告されたこの夢を考えると、これ自体が、北山がA病院を去ると伝えたことに対する反応と取れないだろうか。つまり、治療が長くても8ヶ月で終わってしまうということが、飛び出した飛行機が途中で飛行できなくなってしまうという象徴としてあらわれている可能性である。夢がその時の治療者との関係性をあらわしていることは十分に考えられるだろう。たとえそれがよく見る夢であったとしても、それを患者がどのタイミングで思い出し、どのタイミングで連想するのかという視点で考えてみるのも面白いと思う。

第3回目でも夢を報告する。これは彼が規則的に見る夢であると同時に、このセッションの2日前にも見た夢だと言う。その夢は、「寝室の窓に誰かが見えて、その人物が彼の部屋に侵入して自分を襲うのではないかと感じた夢」である。彼は恐ろしくなってとび起き、戦おうとする。そして誰もいないのにシャドーボクシングをしていることに気がつく。その夢に対して彼は、拒否される恐怖を連想する。ここで北山は「私に対しても同じように拒否されるのではないかと恐れているのでしょうね」という転移解釈をしている。そして彼はこれを率直に認めていることから、すでに転移的なものが強く動き、さらにそれを患者が自覚していることがわかる。またこのやりとりから、彼のやや迎合的な傾向は、この拒否される不安からきていることが推測されるだろう。また北山はこの夢に関して、面接の最後にさらに転移解釈を試みている。転移関係が濃密になりつつあるところだ。

この過程を経た第4回目で彼は、母親への怒りの連想から、自身の異性関係、セクシュアリティについて語り始める。具体的には、彼が同時にふたり以上のタイプの異なる異性と付き合ってきたことである。これに対して北山は、彼が子どもの頃、「良いお母さん」と「悪いお母さん」を統合できなかったこと、つまり、断片的な部分対象が全体対象に統合できなかったことに触れる。いささか理論的なものを含んだ解釈であるが、ここには、おそらく知的な彼であれば理解できるだろうという北山の、彼に対する期待があったのかもしれない。その後、彼は、自分が女性に対して「アンビバレント」な気持ちになることを語っていく。これらの連想から、彼のアンビバレンスは「分裂」ではなく、意識的な「葛藤」のレベルにあることがわかる。ただ、最後の「自分の攻撃性が良い人をも破壊してしまうのではないかと恐れるから、ただ引き下がるしかない」という北山の解釈に対して、彼は黙り込んでしまう。彼がどのような気持ちを抱いたのか、気になるところである。

続く第5回目のセッションは、北山の体調不良のため、3週間空くことになる。前回のセッションの最後の北山の理解、「彼の攻撃性が良い人（北山）をも破壊してしまう」恐れが、まさに具現化したと体験されているのかもしれない。患者はガールフレンドとのエピソードの中で、彼女が満足感を与えてくれなかったこと、また拒否されたように感じることなどを語り、セッション中、終始イライラしている。北山はその都度、転移解釈を試みているが、この解釈の中には、北山に怒りをあらわにすることを避けようとしていること、もし腹を立てたらどのような結果になるのかを恐れていることに触れているものがあり、細やかで行き届いた印象を与える。さらに欲しくないものを北山が無理に与えようとしていると彼が感じていること、それはもっと食べるように強いた母親に対する怒りと同じであるという母親転移も含みこんでいる。これらに対して患者は、まさにその通りだと納得している。ただ単に、「私に対して怒っているのだろう」といった平行移動的な解釈だけであったとしたら、彼のこころに入らないものとなっていただろう。もちろん、セッションが3週間空いたことが彼のこの苛立ちの大きな原因であることは、おそらく北山は十分理解した上でのことなのだと想像する。彼の方からそのことに触れるのを待っていたのだろうか。私たちは自分の側の都合で面接に影響が出た場合、罪悪感等のため、ついそれを自分の方から解釈としてもち出し過ぎてしまうが、このセッションでの北山の介入および関わりは、北山のこころのゆとりが感じられるところである。

第6回目は、彼のあり方が顕著にあらわれているセッションである。彼はセッションの始まりから立て続けに、北山が口をはさむ間もなく話し続けている。北山は、彼の話の内容そのものではなく、その様式、つまり〝話し続ける〟という行為自体が、どのような意味をもつのかについて触れている。具体的には、「何かを考えるのを避けるために話しているのではないか」と言及し、北山に向けた彼の激しい怒りを解釈している。これは、患者が話す内容にとらわれ、引きずられていたら生み出されない理解であろう。学ぶところが大きいところだ。さらにこのセッションに特徴的なことは、北山が彼を「ピン止め」していくように解釈を重ねていることである。スルスルと逃げていく相手に、矢を立て続けに打っていくようなイメージが浮かぶ。彼にとっては苦しい体験であろうが、このような「ピン止め」は時に必要なことでもあるだろう。彼はそれに対して、最後はやや迎合的な反応で返している。

第7回目も非常に生き生きとしたやりとりが繰り広げられている。治療開始が北山の都合により5分遅れるが、それに反応して、彼の連想はガールフレンドを巡る三者関係に及ぶ。北山はそれを両親との三者関係、そして、北山と他の患者との三者関係に結びつけていく。過去の親子関係、最近の重要人物との関係、そして今ここでの関係が見事につながっているところである。具体的な流れとしては、治療開始が5分遅れるという事態が、彼のガールフレンドを巡る三者関係の連想を促し、そしてその素材をもとに、北山が両親および今ここでの三者関係に触れているのである。北山は『精神分析理論と臨床』（２００１）の中で、「病歴、生活史を聞きながら、そして面接を繰り返しながら、過去の親子関係、最近の重要人物との関係、そして「今ここ」の治療者との関係で、同じようなことが起こっていることがわかれば、それはかなり重要な理解の雛形となる。つまり、過去、最近、「今」という3つのポイントで反復を見るのである」と述べている。まさにこの理解を基にした関わりであろう。また、このようなエディプス的な関係が面接の中であらわれやすいことを考えると、彼が神経症のレベルにあることが裏付けられる。そしてこのエディプス的な関係は、後のセッションでも展開していく。

ただ、このセッションに関して強調しておきたいことは、面接開始時間が遅れたことに対して、記録には書かれていないが、おそらく北山は相当強い罪悪感や申し訳なさを抱いていただろうということである。治療者の都合で面接の構造に影響が出た場合、罪悪感や申し訳なさを抑圧し、患者の連想を〝知的に〟理解しようとするのは問題であろうし、また患者もそのような治療者のあり方を敏感に感じ取ることは言うまでもない。ここで北山が罪悪感を抑圧することなく抱え、おそらく彼もそれを感じ取っていたことが、今回のこの連想を支えていたことを強調したいと思う。

第8回目では、両親に対する羨望や嫉妬が語られるが、北山はその後の連想の流れから、セックスをしていた両親に嫉妬していたのではないかと示唆する。彼はこれを否定し、その後、ガールフレンドがセックスの最中に次から次へと指図するのでわずらわしいと連想を続ける。この連想から、解釈を指図として感じていることが読み取れる。解釈はおそらく正しいものであるが、彼にとっては受け入れがたく認めがたいものであったのだろう。このセッションで触れておきたいところは、「母親がいかに人の言いなりになる人であったか」という彼の言及である。この言及がみられるのはこのセッションのみであるが、ここは見落とせないところだと思う。つまり、彼の迎合的なあり方は、もしかしたら母親のこのような部分の取り入れからきているのではないかという理解である。

第9回目で北山は、彼の連想を、復活祭の休みの間に北山が友達と遠くに行ってしまう心配とつなげて解釈を試みている。この解釈に至るまでにも、両者の間でいろいろなやりとりはしているが、前回の面接とともに、この休みに関する患者の空想が大きく影響しているだろう。北山のこの解釈に対して患者は否定しているが、「最後には、三角関係についての精神分析的な説明に同意した」とある。ただ、その後の彼の満足げな様子や、自分が変わったかどうか確認しようとしたことについて、それが何を意味するのかさらに考えてみたいところである。

実際、休み明けの第10回目のセッションでは、前回の北山の解釈が的確であったこと、北山に会えずに不安だったことを素直に語っている。ただ、いったんは的確な解釈だと認めたものの、北山が改めて、その競争している相手は誰なのかを問うと、途端にアンビバレントとなっている。これも彼にとって、本当は受け入れがたいものだったのだろう。そしておそらくこの時、北山に対して彼の「競争」的な気持ちが動き出していることも想像できる。

まさに「劇化」が起こっているところだ。

この第10回目の面接の後半、第11回、そして第12回に、彼が夢を続けて報告しているところは興味深い。第10回目に報告された夢は、母親とセックスをしている夢である。夢の中で彼は勝ち誇った感じになり、母親の大きな胸が印象に残っていたと語る。ここで面白いのは、彼の「こんな夢、先生は好きでしょ？」や「先生がこういう話題を私の心の中に押し付けたんですよ」といった言及である。私たちも臨床の中で時々、このような患者の言及に出会うことがある。これに対して、自分だったらどのように感じ、そしてどのように答えるだろうか。少なくとも、彼は同じこのセッションで、「何でも両親に絡めて説明する先生のフロイディアン的な説明は、あまり好きじゃありません」と話しており、北山の精神分析的な理解や態度に反発を感じ、またそれを揶揄し、挑発してもいるようである。北山は先の、「先生がこういう話題を私の心の中に押し付けたんですよ」という言及に対して、「私はあなたの心の中に話題を押し付けたかもしれませんが、決してそんな内容のものではありませんよ」と伝えている。「決してそんな内容のものではない」との表現から、彼の挑発に少し乗ってしまったように感じられるが、その後、踏みとどまり、伝えるべきことは伝えている。それは、夢の中で価値下げしたかったのは、かつて彼を支配していた大きな胸ではないかということである。

続く第11回目には、彼が自分の問題が両親との関連で説明できることに気づいて、彼自身が驚いている。またこのセッションで語られた夢は、パラシュート・ジャンパーとして飛行機からジャンプするという夢である。夢の中の彼は、「非常に幸せ」であり、「不安はすべて吹き飛んでしまった」と話す。北山はこの夢に関して、セッションの後半で、今なら飛行機から飛び降りることができること、それはおそらく、彼がその力の源が何なのかがわかり、以前よりもはるかに自由だと感じられるようになったからだと解釈する。彼にとって必要だったものは、飛び降りる勇気であり、それが今、もてるようになりつつあることを意味しているのだろう。さらに北山は、治療における北山との「競争」について言及する。この意味では、第10回の夢の中の「大きな胸」も北山だったのかもしれない。また同時に北山は、彼が北山に挑み、自分ですべての素材を分析し終えたことで認められたい気持ちにも触れている。

このセッションの夢の中の、「不安はすべて吹き飛んでしまった」という表現からは、いささか軽佻浮薄的、あるいは躁的なものが感じられるが、この点に関しての北山の理解は、私たちがつい陥りがちなとらえ方について、再度考え直す機会を与えてくれる。北山は、この彼の夢を、いわゆる男の子としての彼の「エディパル・ヴィクトリー」であり、否定的なものというよりは肯定的なものとしてとらえているのである。確かに彼の場合、今まで父親に「エディパル・ヴィクトリー」を肯定的に認めてもらえなかったという体験が根強く残っていることから、この夢で感じた情緒体験は、彼にとって非常に大きな意味をもつと推測される。メラニー・クラインのいう「抑うつポジション」(3)に入ることこそ重要だとされている現代の精神分析の風潮を考えると、この北山の考えは改めて「エディパル・ヴィクトリー」について考え直すきっかけとなるものであろう。

続く第12回目のセッションで、彼は、最初の主治医であるW医師とのセックスの夢を報告する。「彼女と溶け合って一つになった感じがした」、受け入れられ、抱きしめられ、幸せだったと話す。その夢に関する北山の介入を受けて、14歳の時の男友達を独占したかった記憶について語っていく。これに対して北山は、彼がW医師も独占したかったことに触れると、彼は強く納得し、W医師が担当する他の患者に嫉妬し、彼女からここを紹介された時に拒否されたように感じたと話している。ここで北山は、彼が北山に対しても独占したいと感じているのかどうかを尋ねている。「今ここでの」関係に触れているところであり、夢を通したこれらの介入によって、彼の連想が豊かに広がっている印象を受ける。

もうひとつ、「今ここでの」関係を夢とつなげて考えてみるのも面白いかもしれない。彼は、このW医師とのセックスは、第10回目のセッションで語られた母親とのセックスとは違い、受け入れられ、抱きしめられ、幸せだったと言う。この彼の夢の中での体験は、前回の第11回目のセッションでの北山との関わりに起因すると考えられないだろうか。つまり、彼の報告した夢を北山が単に躁的なものと一蹴せず、それを良いものとしてとらえ受け入れたことが、患者に伝わったのではないかという理解である。彼はそこで北山に受け入れられ、抱えられた体験をした可能性がうかがえる。

第13回目のセッションでは、母親と弟との過去の記憶が語られ、新鮮な印象を受ける。そしてそこで感じた母親への気持ちと今のガールフレンドへの気持ちを、彼自身が連想の中で結びつけて語っているところは、彼の力を感じるところであろう。北山が最後に触れている、母親を傷つけたくないから怒りを露わにするのをやめたのだろうという解釈も重要である。

第14回目のセッションでは、まず、彼が自分の幼少期のことを聞くために両親のもとに出向いたことが語られる。これは彼にとって、相当大きなことではないだろうか。前回のセッションでの体験が彼にこのような行動を起こさせたのだろう。その後は、弟に対する同性愛的感情、および男友達と自慰的行為を相互にやり合ったことについて語る。これも新しい話題である。北山との関係の深まりにより、彼はこのようなことを語ってもよいだろうという安心感を抱いたことが推測される。また第12回目のセッションで語られたように、初めて親しくなった友達との関係が壊れてしまったのも14歳、このセッションで語られたように、弟に対して「意地悪」になっていったのも14歳である。そして弟のペニスに触りたいと思ったのも、やはり14歳頃である。この14歳という年齢は思春期の只中であり、彼は、性欲動の高まりと、それに対する禁止あるいは抑制のバランスがうまく取れなくなっていた可能性も示唆される。彼にとって、内的に大きな展開が起こった歳なのであろう。その後のセッションでは、女性と初めて性的関係をもったがインポテンツになったこと、自分の同性愛傾向を心配し、精神科を受診したこと、同性愛傾向は消えたが、自分の男性性に不安があるためか、今でも女性に対する性的能力を試そうとしてしまうことなど、彼にとって重要なことが語られていく。「相手が女性であれ男性であれ、死に物狂いで親密な関係をもちたいと思っていた」という彼の語りから、強い切実感が伝わってくる。

その後、彼は3つの夢を報告する。ひとつ目は、パラシュート飛行の訓練を受けており、批難する上官や同僚に、「お前なんか嫌いだ」と叫び、最後は排除されていると気づく夢。ふたつ目は、ヘンリー・アルフレッド・キッシンジャー（アメリカの国際政治学者）と話しているが、会話を続けられなくなり排除される夢。そして3つ目は、人々が彼に対して陰謀を企てている城にいて、彼が秘密を暴こうとするが、気がついたら排除されている夢である。北山は3つに共通する要素を考え、彼が、自分のペニスが小さかったため、両親のセックスから排除された小さな男の子であることを解釈している。つまり、夢に共通する「排除」というキーワードを見出し、それを両親との関係ととらえている。これらの夢は若干、わかりやす過ぎる感はあるが、彼の三者関係、エディプス的な要素がきれいにあらわれているものである。

ここで、ヘンリー・アルフレッド・キッシンジャーがどのような人であったのか、少し説明が必要であろう。キッシンジャーは、1960年代から1970年代のアメリカの外交において、米中和解への道筋をつけたり、中ソと関係改善を行い、それを基にベトナム戦争を終結に導いたりした人であった。そしてこれらを功績としてノーベル平和賞を受賞している。〝2つの世界の平和を取りもつ人〟であると言ってよいだろう。この〝2つの世界〟についてはさまざまなものが連想されるが、これこそが、彼が北山に抱いているイメージではないだろうか。さらに言うならば、〝2つの世界を取りもつ〟というあり方は、北山のこころや生き方そのものをあらわしているのかもしれない。これについては、後に詳しく述べたいと思う。

さて、セッションに戻ろう。このセッションの最後に、北山は治療終了後、彼が集団精神療法に参加できることを示唆している。この示唆は彼にとってかなりのインパクトをもたらすことが想像されるが、なぜこの時点で、北山はこれを伝えたのだろうか。そしてこれに対して彼はどのような気持ちを抱いたのだろうか。終結が視野に入ってきたことを彼はどのように感じたのだろうか。このセッションでは先に触れたような豊かな夢が語られているが、彼はそれが何を意味するのかを知り、落ち込んでいるようだ。この彼の様子を見ていた北山は、面接があと6回しか持てないことに対して申し訳なさを感じたのだろうか。そして「大きな変化を感じています」という彼の言葉を支持するような働きかけ、つまり治療終了後は集団精神療法に参加できるということを伝えたということなのだろうか。最後のセッションで伝えてもよいようなことが、ここで伝えられている背景には、北山のこのような気持ちがあったのかもしれない。

第15回目でも、再び夢を報告する。前半と後半に分かれているが、どちらも興味深い夢である。北山が、前半の若い女性の前でスピーチをする夢は性的な夢であることを示唆すると、彼は納得する。後半の夢について北山は、肉屋は彼の父親であり、肉屋のナイフは去勢不安を暗示する父親のペニスであり、時計は母親、もしくは母親の女性器だと解釈をしている。北山によれば、このセッションで語られた夢の素材に対する数々の解釈は、一義的、辞書的というよりは、それまでの面接経過を踏まえた理解をベースにしているようだ。一方、この後半の夢の中で彼が感じた「自分が非常に小さくて、無能で無力な impotent and inadequate 人間」という表現は、まさに、男性としての能力のなさ、アセスメント面接で語られた「インポテンツ」が連想されるだろう。

またこのセッションの最後の時計に関するやりとりは興味深い。時計という象徴を、北山は母親もしくは母親の女性器として解釈しているが、時を刻み秩序を作り出す男性的な要素、つまり父性的なものも含まれてはいないだろうか。むしろ、男性性と女性性をあわせもったものとして考えられるかもしれない。そして時計が意味するものをともに考えていくやりとりの中で、北山は彼に、「この時計がほしいのですね」と伝え、北山自身の時計を用いて北山との「競争」関係を解釈している。絶妙な解釈である。彼は笑いながら肯定しているが、この笑いには彼のこころのゆとりが感じられるところだ。

第16回目でもまた新たな夢を報告しているが、今までの夢と比べるとある種の変化が起こっているようだ。彼は夢に出てきた泥棒たちを他の人たちからの非難と結びつけ、泥棒たちと戦ったことは彼を非難した人たちへの怒りをあらわしており、泥棒たちを車に乗せてやったのは仲直りだと語っている。北山がそれに対して、家と車が女性であると解釈すると、彼は友達が彼のガールフレンドを奪おうとしている状況を連想している。さらに北山はその女性は彼の母親であり、泥棒たちは彼の父親と弟ではないかと伝えている。これによって彼は過去の体験を想起しているが、このテンポの良いやりとりは、読んでいて爽快感さえ感じるところだ。この夢を転移の文脈で理解するのかどうかは、学派によって大きく異なるだろう。

そしてこの回の最後に、彼が「良くなってきた」し、自信もついてきたので隔週にしたいという希望を述べ、北山はこれに対して同意している。確かに夢の内容を考えてみると、以前の夢とは様相が変化しており、患者の状態は良くなってきていると言えるだろう。ただこの患者の反応は、もしかしたら、第14回目のセッションの最後に北山が、治療の終了後の集団精神療法への参加を示唆したことと関係があるのかもしれない。つまり終了を前に、彼が自分から治療、そして北山と距離を取ろうとし始めている可能性である。北山もおそらくその可能性を鑑みた上で、同意という判断を下したのだろう。患者が面接の間隔を空けたいと提案してきた際に、私たち治療者は様々な可能性を考える。端的に言えば、患者の気持ちは治療構造にあらわれやすいのである。

さて、この第16回目のセッションの後、北山は、A病院のケース・カンファレンスでケースを出すよう言われ、本症例を選択している。驚くべきことに、当時のA病院では、患者本人がそのカンファレンスに招待されたようだ。日本ではまずないだろうし、おそらく現在は倫理等の問題で、A病院でも行っていないかもしれないが、当時は確かに行われていたようだ。北山はこれに関してどのように感じたのだろうか。カンファレンスでの発表自体も、留学先でのことならなおさら緊張を強いられるものであるが、それに加え何と言っても、発表するケースである患者本人がその場にいるのである。このような状況であっても、厭わず引き受けるのが北山なのだろう。しかもその状況を、むしろ好機とさえ感じていたのかもしれない。

第17回目では当然のことながら、この数日後に行われるケース・カンファレンスのことが話題となる。そしてこれも当然のことながら、患者も緊張しているようである。両者はカンファレンスを数日後に控えた緊張感の中で、心理的問題と身体的問題の関係など今まで語られなかったことも含めて、改めて整理しようとしている（他のセッションよりも記録の分量が多いのは、そのためでもあるのだろう）。まるでカンファレンスで何とか生き残ろうとする戦友のようだ、と言ったら言い過ぎであろうか。このセッションの最後のやりとりで、彼は北山がカンファレンスに出席するかどうかを確認し、北山が出席すると答えると安心し、そして北山自身も嬉しかったと思うところには、微笑ましさすら抱いてしまう。北山はこの面接の中で、彼が北山を価値下げしているように感じたが、同時に、以前よりも自分自身の問題に対して現実的に向き合っていると感じたようだ。

そしてこの回の後、いよいよケース・カンファレンスを迎える。北山は彼の夢を中心に報告している。第15回目で報告された夢の中の「安い肉」について、フロアから「安い肉とは何か?」と質問され、北山は、「外国人である私の保険診療のことだろう」と答えたようだ。おそらく強い緊張感を抱きながらも、このようなユーモアを含んだ答えがさらりと出てくるところは、いかにも北山らしいし、自由で豊かなこころがうかがえる。ここで会場に笑いが広がったのは言うまでもない。

また当時のA病院では、精神分析・精神療法のグループは、ハンス・アイゼンクを中心とした行動療法グループから手酷く非難されていたようだが、カンファレンスのディスカッションの中で、行動療法グループの1人から、不安に満ちた夢を報告するうちに不安体験が脱感作されていく過程があることを指摘され、それに対して北山は肯定したと言う。ケース・カンファレンスは、全体的に概ね好評だったようだ。さらにここで思い出されるのが、第14回目のセッションで患者の夢に出てきた、ヘンリー・アルフレッド・キッシンジャーである（カンファレンスの配付資料にこの夢が入っていないのは興味深い）。北山はまさにケース・カンファレンスという場で、この瞬間、精神分析と行動療法という〝2つの世界の平和を取りもった人〟だったのではないだろうか。

第18回目で患者は、カンファレンスではうまく質問に答えられず、北山の役に立てなかったと語る。この反応には、彼のあり方が如実にあらわれているように思う。つまり、カンファレンスだけではなく、おそらく今までの北山との治療でも、彼は北山の役に立ちたい、協力的でありたいという思いが強くあったことが推測される。初期の頃からの興味深い夢の報告、打てば響くような反応、そして見方によってはいささか迎合的とも言える態度の根底には、このような彼の気持ちが強く働いていたのだろう。

またその後、カンファレンスで質問された「空手」についての彼の連想から、北山は彼の完全主義と攻撃性が結びついていること、彼が自分の怒りでもって多くのものを壊してしまったと感じていることを解釈する。さらに北山が伝えたのは、彼が、夢と空想の中で、多くのものを壊し、多くの人を殺してきたということである。ドキリとするような解釈である。実際、この解釈は彼のこころにかなり響いたようだ。彼はそれに対して黙ってしまったとあるが、こころを貫通させるような解釈を受けた時、人は言葉を失うのだろう。さらに北山は彼に、自分が望むような完璧な患者になることが可能だと思うかどうかと尋ねている。ここで興味深いのは、この北山の問いに対して彼は、自分が完璧な患者になって北山の価値を下げるために精神分析に取り組んでいるのだと語っている点である。彼らしさがあらわれていると同時に、このようなことが語れるほど、彼は自由になっていることがわかる。彼のこの反応に対して北山は、完全主義が彼の怒りと非常に緊密に結びついていることを解釈する。彼についての理解がここに集約されている。

しかしその翌週、彼は面接を休んでいる。先にも少し触れたように、患者の気持ちは治療構造にあらわれやすいため、患者が面接の頻度の変更を希望した場合や面接を休んだ場合、私たちは患者の気持ちについて様々に思い巡らせる。今回は何を意味しているのだろうか（第16回目の最後のやりとりで、今後の面接の頻度は隔週になったようだが、ここでは再び毎週に戻っている。ケース・カンファレンスの影響だろうか）。

翌週の第19回目は、「私はどうしたらいいでしょう?」という彼の問いから始まる。セッション開始から相当、不安定になっていることが推測される。その後、彼は、何も考えられない、話すことがないと言い、さらに、北山に対して攻撃的な気持ちがあるが、その気持ちはこの面接が終結に向かっていることとは関係ないと自ら話している。ここには彼の複雑な気持ちが読み取れる。まず彼が先週、面接を休んだことから、前回、第18回目のセッションが彼にとって相当タフなものだったのだろうということ、同時に治療の終了が確実に近づいていることに対して相当な不安を抱いているのだろうということである。自ら〝この面接が終結に向かっていることとは関係ない〟と話しているところにそれが読み取れるし、実際、あと1回で面接が終わってしまうことを考えると、不安にならないほうがおかしいだろう。ただ同時に、面接の終了について動揺していると思われたくない気持ちもあるようだ。この辺りの彼の複雑な気持ちがよくあらわれているように思う。

その後、一群の人たちが彼に一瞥もくれなかったことに対して拒否されたと感じたとの連想から、前回の自分の面接の休みに対して北山に触れてほしい気持ちや、触れられなかったことに対する拒否された気持ちが読み取れる。そして、13歳の時に彼が拒否されたと感じた男友達の連想が続く。第12回目の面接では14歳の時となっており、ここに記憶の歪みがみられる。彼は、その友達が別の友達を作ると、拒否されたように感じ、とても傷つき不安定になり、ひどく攻撃的になったと言う。その内容はやはりエディプス的なものが含まれているようだ。北山はここで、日本に帰国し去っていく北山に対して生じている彼の気持ちにはっきりと触れている。適切な解釈だと思うが、北山はこの時、どのような気持を抱きながら彼に伝えたのだろうか。

またこのセッションの最後に、来週の面接（最終回）がどうなるのかという彼の質問に対して北山は、最終回もいつも通りの面接であると伝えている。一般的な心理療法と精神分析的精神療法との顕著な違いがあらわれるところだ。前者であれば、面接の振り返りをすることがあるだろうし、実際、多くの治療者はそれをやりたくなるかもしれない。だが精神分析的精神療法では、最後まで同じスタンスなのである。もちろん今回に限らず、患者が私たちに何かを問う時、そう問いたくなった気持ちに目を向ける姿勢は大切にしたいと思う。

最終回である第20回で彼は、最後に検討したいのは食べ物の問題であると話す。そして食べることを巡る母親との葛藤は、催眠術を受ければ治るのかと尋ねている。最終回に語られる連想がこれかと思うと、私たちはつい、がっかりしてしまいがちだが、それだけ、今日が最後のセッションであるという彼の焦りが強くあるということなのだろう。北山も若干、苛立ちを感じてか、自分は催眠術に関して彼にアドバイスできる立場にはないと断言し、彼はさらに苛立ちを増しているようである。北山はもちろん、そのような彼の情緒を十分に感じ取っており、彼がセッションの最初に、この治療の一連の行程が終わり、すべての問題を取り扱ったように思うと述べた彼の言及に触れ、彼が北山の精神療法をすでに十分に受けたため、精神療法に魅力を感じなくなったのだろうと解釈している。これに対して彼は、食べることに関する問題を母親の愛情という観点から説明し、食べ物、母性的な安らぎ、そして安全感の3つの明確な結びつきを受け入れている。おそらくこの彼の連想から、北山の解釈は的を射たものだったのだろう。ただ、少し気になるのは、彼は本当に北山との治療をすでに十分に受けたと感じているのだろうかという点である。彼は本当に満足したのだろうか。

もしかしたら、この答えはその後の彼の連想が教えてくれるかもしれない。北山の、それにしても、なぜ太り過ぎるまで過食するのかとの問いに対して彼は、「すべてを食べ尽くすまで食べるのをやめることができません。ちょっとだけ食べて満足するということができないんです」と答えている。おそらくこれは、北山との治療のことを話しているのだろう。端的に言うと、彼が、北山からの愛情をもっと欲しているということなのだと思われる。後の北山の、「これからはおひとりで対処しなければならないのですから」という言葉には、彼のそのような気持ちを感じ取り、彼のこころの中に悲哀をみていることが推測される。そして彼は、面接が終わることに対する気持ちを悲しみとして表現し、ふたりは最後に握手をする。おそらく、もう会うことはないのだろうと思いながら。今、改めて振り返ってみても、こうした濃密なやりとりが20回という回数の中で生じたことは、やはり驚くべきことであろう。この治療が彼にとって、そして北山にとっても、おそらくその後の大きな糧となったのだろうと思われる。

患者のある種の達成は、その後の彼についての報告からも読み取れるだろう。

さいごに

北山の40年以上前の治療記録を振り返ってみた。今、改めて思うのは、当時の北山のあり方とそれほど大きく変わっていないのではないかということである。最初に〝テンポがよい治療だ〟と述べたが、もちろん今の北山は、思い浮かんだことを、その瞬間、そのまま患者に伝えるということはしないのかもしれない。しかし実際に言葉にして伝えるかどうかは別として、患者とともにいて思うこと、感じることは、当時も今もそれほど変わらないのではないかと思うのだ。

ではその北山のあり方に通底しているものは何であろうか。それは、「二重性」および「橋渡し機能」といった言葉であらわされるものであり、これらの言葉は、北山が帰国後も、自身の様々な著書で語ってきたものである。

これについて考えるためには、少し北山の歴史を振り返ってみる必要があるかもしれない。先に述べたように、北山はこの治療を20代後半に行っている。この時期の北山のこころの状態はどのようなものだったのだろうか。ある世代以上の方々にとっては、北山が１９６０年代に一世を風靡した、ザ・フォーク・クルセダーズのメンバーであったことは周知の事実である。１９６７年に1年間という期限付きでプロデビューし、約束通り、１９６８年に解散している。22歳の時である。その後、北山が留学したのは、6年後の28歳。もちろん、当時の医学部の状況や、様々な偶然やタイミングが重なったことは言うまでもないが、この渡英の決断の背後には何があったのだろうか。

北山はその決断に至る大きな理由として、ふたつのことを挙げている（『ふり返ったら風 3』２００６）。ひとつは英国がビートルズを生んだ国だということ、もうひとつは精神科医であるR・D・レインが精神療法を行っていた国だということである。レインは、環境や社会と精神医学を結びつけて考える傾向のある医者であり、精神科医であると同時に詩人でもあり、著書には、『ひき裂かれた自己』、『自己と他者』などがある。ここに何か共通するものが浮かび上がる。それは、ふたつのものが並列していたり、それらを結びつけようとしたりするレインの考え方である。北山はこのレインの考え方に、自身の中の何か――それはもちろん、北山本人にしかわからないものであるが、バンド時代の体験が関係していることは想像に難くない——を見出し、そして魅せられたのであろう。それが渡英へと、北山の背中を強く押したのだと思う。そして、このレインの師である精神科医が、後に北山に多大な影響を与える精神科医、D・W・ウィニコットである。

ウィニコットの存在が北山にとって非常に大きなものだったことは、北山の数多くの著書からも読み取れる。ウィニコットは、北山の言う「橋渡し機能」についてその著書の中であらわしている。北山によれば、世の中は、表と裏、本音と建前、仕事と遊び、理性と情緒、愛と憎しみなどと分裂しやすいため、その間を取り結んでいくことが、私たちのようなこころを扱う者の仕事であり、そうした思想がウィニコットにはあると感じると言う。またウィニコットは、創造的に生きることが人生において最も価値が高いものだとし、半分人間臭くていい加減なところをもっている私たちにとって、いい加減なところと真っ当なところとの間の、連絡可能なところに価値があり、それが創造性であるとしている。そうした「橋渡し」とともに創造的に生きること、その創造性を評価したことに、北山は魅力を感じたようだ。

今回の治療記録を振り返ってみよう。まさにこの治療において、夢という無意識の世界で、患者が「ヘンリー・アルフレッド・キッシンジャー」として描いた北山、そしてカンファレンスでの北山には、北山の生き方が如実にあらわれているように思う。つまり、「二重性」、そして「橋渡し機能」として、北山自身がそれを生き、体現しているのである。また留学後に北山が身を置く精神分析の世界でも、例えば、精神分析と日本の文化をつなげたり、海外の精神分析と日本の精神分析を何とかつないでいこうとしたりするその姿勢は、今も変わらないどころか、ますます強くなっていると感じるのは私だけではないだろう。繰り返しになるが、北山自身が「二重性」および「橋渡し機能」を体現しているということなのだ。

最後にひとつ付け加えるならば、北山自身が、彼の体験する異国人としての北山を考えた際に使った「マレビト」という言葉についてである。なぜ「マレビト」という言葉が北山の口から出てきたのだろうか。これも、ウィニコットが影響しているようだ。北山は、同じく『ふり返ったら風 3』で以下のように語っている。「自分とウィニコットは違う人間なので、自分はウィニコットにはなれない……（略）……どういう人になるのか、どういう治療者になるのかというのは本人が作り出さなければならないものであり、よってウィニコットから学び、ウィニコットから出発しながらも、いつかウィニコットと決別していかなくてはならない。だから私も患者さんに対しても、学生に対しても、いつかは私から出発していくように、私のことは不要になってもいいと思っている」。北山の考えが明確にあらわれているところだ。今回の治療に対しても、北山はもちろん患者に深くコミットしながらも、一方ではこのような考えを抱きながら関わり続けていたのだろう。さらに北山はこうも続けている。「私はここに何かひとつの駅を造っているようなもので、患者さんだって私とともに一生列車で旅をするわけにはいかないし、どこかでどちらかが降りたり乗り換えていったりしなくてはならない。「橋渡し」のように、しばらく一緒にいるけれど、結局私たちは送り出していかなくてはいけない駅員、もしくは、列車の中でたまたま隣り合わせた旅人同士なのだ。いつか捨てられ送り出していかないといけないという「橋渡し」の仕事なのだ」と。「私たちは別れるからこそ、心に相手を取り入れる。その取り入れのおかげで心の支えを得る」という北山の考えがここにもあらわれている。これは北山が臨床の傍ら、静かに営んできた音楽の世界でも、「旅」という言葉が歌詞の中に、そしてタイトルに幾度となく用いられていることからも、北山にとって親和性のある言葉なのだろう。

「さいごに」と題しながら、やはり長く語ってしまった。本書を読まれた方々は、北山の治療記録を楽しみ、また多くを学びながらも、やはり北山から、「その先はそれぞれが自分のこころで感じ考えていくことが大切だ」との言葉を背に受けるだろう。私がそこに感じるのは、自立を促す親の姿であり、また深い愛でもある。ただ、北山の元に留まらずとも、私たちがふと振り返った時、そこに風が吹いているだけではなく、北山の存在を感じることくらいは許されるだろうか。北山にそっと聞いてみたい。

注

(1) 転移性の治癒——十分な無意識的意味の解明なしに、症状の消失が認められること。治療者への愛情や、治療者を喜ばせたいという願望などから生じるものである。

（2）心気的——客観的に具体的な異常が認められないにもかかわらず、胃部不快感、頭痛、めまい等、各種の異常感を感じて、深刻な病気なのではないかと気に病む状態である。

（3）抑うつポジション——メラニー・クラインが提示した乳児の情緒発達にまつわる概念で、罪悪感を伴う内的世界のひとつの定型的なあり方や力動を内包している。発達的には、もうひとつのポジションである妄想－分裂ポジションがこの抑うつポジションに先行するが、乳児は生後4、5ヶ月からこの抑うつポジションを体験し始めるという。

参考文献

北山修（1978）：「A病院外来精神療法ユニット」（本書204～214頁に収録。元の報告は「精神医学」20〔1〕が初出）

北山修（1997）：「英国における、ある男性神経症者の治療——三角関係と媒介的関係」（本書193～203頁に収録。元の報告は「精神科治療学」12〔1〕が初出）

北山修（2001）：『精神分析理論と臨床』誠信書房

北山修（2006）：『ふりかえったら風 3』みすず書房

北山修（2006）：「心の物語の紡ぎ方」、「精神神経学」118（2）

［症例論文］

英国における、ある男性神経症者の治療

――三角関係と媒介的関係

北山　修

抄録：これは、英国で精神分析的に治療された不安神経症の報告だが、内容的にはエディプス・コンプレックスの分析が展開している。まず、「飛行機がコントロールを失い、高層ビルの上をすれすれで飛んで地上に墜落する」という内容を語るが、三角関係の視点から自分の問題を見直すようになり、夢では「支配的なボスから挑戦され、勇気をふるってパラシュートでジャンプした」と報告する。また、弟に対する同性愛的感情について思い出し、率直に被害的な不安も語るようになり、症状も改善し理解も深まって終結となる。そこでは、迎合的態度、つまり「防衛」の奥にある、拒否される不安と男性的主張や怒りに焦点づけられていく治療の様子が垣間見えるだろう。母親との性的交流と権威的な父親への怒りをセットで強く結びつけるのは文化的なものであることを示唆し、あらゆる治療の基本形である患者・治療者・話題が織り成す「二・五関係」は媒介的関係と呼びたいと思う。

Ｉ　はじめに

「三角関係」とは、精神分析的な精神療法を行う者にとってきわめて重要な言葉である。それは、エディプス・コンプレックスという精神分析の中心的概念を、日本語の日常語で言い直したものであり、具体的には父―母―子が織り成す家族関係を指すことが多く、愛情や葛藤に彩られて展開するものと理解されている。とくに息子にとっては、母親との近親相姦願望と父親に対するアンビヴァレンスがこのエディプス的な三角関係を葛藤に満ちたものにし、目的論的に言うなら、母親との濃厚な「つながり」を父親が「切る」ことで、息子を自立に向けて出発させる構造として、

この三角関係は機能するのである。

「三角関係」とは、日本語では「三者間の関係、特に3人の男女間の複雑な恋愛関係」（広辞苑）と解され、1人の異性を2人の同性が取り合うような状況を指し、母親をめぐり父と息子が張り合うエディプス三角についても、この用語で家族的な三角関係の複雑さとそれに伴う性愛的な部分を匂わすことができる。そして、この三角関係で、父親の存在が息子に強い不安（去勢不安と言われる）を与えたり、母親との分離が痛みに満ちたもの（分離不安）になる場合、幼い自我は三角関係をこなしきれなくなり、身を守るために撤退したり、適応的ではない対応（防衛）を図ることになる。これが神経症発生の原因となり、治療では、この神経症の起原に関わる発生論について洞察を深め、家族的な三角関係をこなせるように導くことが眼目となる。

ところで、この家族的な三角関係をめぐる複雑な心理を「エディプス・コンプレックス」と呼ぶのは、父を殺して母親と結婚した王の物語における主人公の名前に由来する。ギリシャの伝承にはっきりと示される通り、この三角関係の悲劇を構成するのは、父親殺しと母親との近親相姦である。この2つの要素は、精神分析理論においても繰り返し取り上げられており、エディプス・コンプレックスを語るためには欠かせないものである[1]。

そこで問題は、日本における精神分析の実践に深く関わる。つまり、父親殺しと母親との近親相姦が、空想や幻想あるいは現実として臨床的にそれとして語られることが多いか、という問いはこれまで何度も発せられている。そこで突出する意見は「日本にはエディプスは多くない」というものである。つまり、父親殺しと近親相姦、そして去勢という、エディプス・コンプレックスを語るための中心的な要素が、日本の神経症症例では欠落すると言われるのである。もちろん、父親との敵対関係や母親との愛情関係が中心的な役割を果たすものは我が国においても存在するが、それらは父親殺しと近親相姦の例であると言えるだろうか。

ここで提起されている問題はきわめて重要であり、この小文で十分に語れる話題ではない。しかし、以下に私が英国で出会った不安神経症の症例を報告するが、エディプス・コンプレックスが見事に展開している例であり、治療者もその線で分析を進めている。現在は、日本の症例に終始囲まれていて、最近、精神分析の文化的な違いを考えたくなり、その手掛かりとして、数十年前の事例を再検討することにした[2]。

Ⅱ　事例の概要

男性、25歳、会社事務員。

来院経路：様々な身体症状をもっていたが、W医師（女性）の4回の診察である程度まで改善した。症状と、その心理学的な基盤について理解を深めるために紹介される。

病歴：「子供のときより、いつも神経質で、特に夜はひどい」。ときに、「頭痛、めまい、動悸のような身体症状がある」。それが過去2年間悪くなっており、この数ヶ月の間は苦しくて、胸の痛みは癌のせいであると思い込むようになる。

家族歴：父親――53歳。会社員。「攻撃的で、理想が高く」患者に対し「挑戦的になる」。また、心気的だとも言われる。母親、44歳。医療職として働く。患者には近い存在だが、支配的に感じられる。弟、遠い存在。家族に精神科受診歴はない。

生活史：子供時代――極端にはにかみ屋で、自信がない子供だった。長く太り過ぎだった。9歳でオーストラリアへ移住し、非常に落ち着かない状態となる。友達らしい友達はできなかった。15歳で英国に帰り、大学入学のために家を出るが、適応と、人づき合いや仕事とのバランスをとることが非常に難しくなった。

性生活：17歳のときに初めてのセックスを経験するが、インポテントで、自分が同性愛ではないかと心配するようになり、短期間だが精神科医を受診する。その後、長続きしない関係を重ねて、昨年から医療職の女性とつきあうようになり、現在同棲中である。

職歴：技術者として1年間働いた後、2年前に公的な資格をとる。自信のないことにクヨクヨ悩むが、仕事の面では成功している。

既往歴：特にない。

病前性格：「非常に几帳面で、イライラしやすい人間」と自分のことを描写している。1人でいると安心できなくなるが、逆に誰かといると拒否されたと感じやすい。攻撃性を体から発散するために空手をやっている。

現在の精神状態：仕事の面では表面的にはうまく適応できている。合理的で知的な人物だが、強迫的な特徴をもつ。抑うつ的ではないが、明らかに自分のことについて不安で確信が持てない。

Ⅲ　面接治療の経過

初診を行ったY医師は、「非常に協力的な患者」で、個人精神療法をすすめる。これを私が引き受け、外来で、週1回の精神分析的精神療法を行うことになる。

第1回（1月15日）

上記の病歴を得る。きちんとスーツを来た青年である。Y医師から問題が心理的であるという指摘を受け、納得している様子。話題は主に父のことで、理想の高い父を喜ばすために勉強したが、彼はそのことが嫌いであった。彼が「自分と人との間に垣根をつくる」という初診医のコメントを思い出したとき、それは子供のときからだろうと私は指摘したが、彼は嫌いな両親との間にも垣根をつくっていたと答えている。最後に、私自身が8カ月後に病院を離れることを告げる。

第2回（1月19日）

再び父のことを語る。よく見る夢として、「飛行機がコントロールを失い、高層ビルの上をすれすれで飛んでいる。最後に地上に墜落する」という夢の内容を語り、彼は外にいて、救いのない状態でいたと言う。私が、この夢を父親のことに結びつけると、彼は父が彼を自立させようとしなかったことを語る。例えばフットボールチームのコーチもしていた父は息子にもフットボールをやるよう強いたが、練習ではいつも父の助けなしにはできない状態が続いていた。父だけではなく、母親も息子が理解できない人で、太り過ぎなのに、さらに食べるように強制したと言う。飛行機の夢では誰かが死んでいるだろうから、彼が誰かを殺したいと思っている可能性を私が示唆すると、彼自身は、両親を殺すというよりも、彼らが息子を殺したのだと主張して面接は終わった。

第3回（1月29日）

2日前に見た夢で、わりと規則的に見る夢だという。「自分の寝室の窓から誰かが見えるが、その人物が彼の部屋に侵入してくると感じて、恐ろしくなってとび起き、戦おうとする。目が覚めると、誰もいないのにシャドーボクシングしているということに気がつく」彼自身は、この夢を、自信のないことや拒否される不安に結びつける。私は、治療者に対しても拒否される不安のあることを示唆すると、ただ聞いているだけの治療者に対して怒りを感じるという。ガールフレンドにも、拒否される不安があるとのこと。最後に私は、窓からの侵入者は、彼の心の中に入り込もうとする治療者である可能性を示唆すると、患者は「たぶんそうかもしれない」と答える。

第4回（2月5日）

何を喋っていいのか分からないと言っていた患者が多弁になる。両親に拒否されたことで、接近してくるガールフレンドたちにも拒否的になると言い、女性像が性的に魅力的な場合と性格的に魅力的な場合とに分かれるのは、もともと母親像がそうであるからという話になる。

第5回（3月1日）

治療者が風邪をひいてキャンセルしたことで、3週間も空くことになった。ずっと「頭に何も浮かばない」と言うセッション。私に対しての怒りや不満を示し、「飽きてきた」と言う。

第6回（3月8日）

まるで蓄音機のように、過保護な親に対する不満を語る。ずっと「甘やかされた子供」だったと言い、相手の注意をひくために話すので、ここでも治療者にも聞いてもらっているか気になり、話の内容は「考えないで話している」と言う。

第7回（3月15日）

治療者が5分遅れたが、患者は実際怒っているように見える。パーティで会話に参加できなかったと言う。続いて、ガールフレンドが他の男性と電話で話しているのを見て、ガールフレンドを盗まれているように感じ彼女とその男性に嫉妬を感じたことを話し、それを不安な子供時代に再び結びつける。治療者は、治療についての不満をぶつけているように感じる。そこで私は、患者がガールフレンドをめぐって、もう1人の男性に嫉妬を感じていること、これが子供時代からの繰り返しであることを指摘し、「あなたからお母さんをお父さんが盗もうとしていたのじゃないか」と示唆すると、彼はこれを肯定的に受け止めた。治療の最初に、遅れた私に怒っていたのは、他の患者と私をとりあっているからではないかと示唆すると、ノーと言いながらも「正しいかな」と言った。（初めてエディプス・コンプレックスを本格的に取り上げた。もちろん、「エディプス・コンプレックス」とは言っていない。）

第8回（3月22日）

ガールフレンドが色々強制するので面白くないと言う。先週の嫉妬のことをもう一度取り上げて、かまい過ぎの両親に対して何でも拒否するようになった、そして父親の言うことに柔順に従う母親に嫉妬していたと言う。夜になると両親が一緒に寝てしまうことに対して嫉妬したかをきくと、夜遅くまで起きて両親の邪魔をしたことを思い出している。

第9回（4月1日）

彼は、フロイディアンの概念を使わなくとも自分の問題が説明できると言い張り、エディプス・コンプレックスについては納得できないと言う。私は、彼の言うエディプス・コンプレックスとは何かときくと、「子供が母親を愛するがゆえに父親を憎むこと」と答える。これに対し、もともと父と母に嫉妬していると言ったのは彼の方だと指摘した。彼は、エディプス三角の発想を様々な状況に当てはめ、例えば彼と、私と、私の患者たちとの三角についても共に考えてみる。そして彼は「私は母を愛していた。それで、彼女を連れていく弟や父を憎んだのかな」と言った。

第10回（4月22日）

私がイースター休暇で不在のとき、勘違いして来院、不安になる。そのとき「人々と競争している」という私の発言と私がそれを父親に結びつけたことを思い出し、楽になったと言う。私がいなくて困っていたらしく、誰と何を競争していたのかが話題になる。私が、母親を父親と競っていたのと同じだ、と解釈すると、彼は「多分」と答えて、「フロイディアン的な説明はあまり好きじゃない」と言い、威圧的だった父親が問題だったと主張する。私が母親を説明に取り入れると彼が反応しやすいことを指摘すると、数日前に見た夢を報告する。実に「母親とセックスしていた。……あなたがこういう話題を押し付けたんだと思う」と言う。私は、「しかし内容は押し付けなかった」と答え、夢の内容をきくことにする。母親の大きな乳房が印象的で、支配的であった母親の品位をおとしめていたと言う。そして、それは父親の権威をも失墜させるものだったというのがこの日の結論となった。

第11回（4月29日）

家族の三角関係から自分の問題を見直すようになる。数日前の夢「囚人になっていて、支配的なボスから挑戦され、笑いながら〝お前は飛行機からはジャンプできないだろうな〟と言われる。恐ろしかったが、勇気をふるってパラシュートでジャンプした。地上へ降りながら非常に幸せだった」。彼は「あなたの言ってたこと（競争のこと）は正しい。驚いたよ」と言う。治療では私に挑戦され、自分で自分の分析を行っていることを話し合う。

第12回（5月5日）

数日前の夢「(A病院に紹介してくれた) W先生とセックスする夢だった。彼女と解け合って1つになった感じがした。受け入れられ、抱えられ、幸せだった」。このような安心できる経験は、両親とはなかったと言う。そして話題は、男性の友人の場合でも、その友人関係に嫉妬してしまうことに移る。そして、友人にも、母親にも、主治医にも、誰にでも所有したくなると感じると言う。だから、W先生に当院に紹介されたときも、私が休暇をとったときも、拒否されたように感じたのである。

第13回（5月12日）

弟が母親と遊んでいたとき、すねたら母親の関心を得たので、すねることが多くなったことを思い出したと言う。そして、すねるときは実は怒っているのだが、その怒りを外に出さないという話になる。赤ん坊のときは怒りっぽい子供だったらしい。怒ると母親を破壊することになるので、すねるしかなかったのだろうと私は指摘した。

第14回（5月19日）

弟に対する同性愛的感情について思い出し、思春期のころ彼のペニスに触りたかったことや、男の友人との相互自慰行為について語った。当時は拒否されている感覚が強かったので、女性でも男性でも、親しくなって安心できる感覚を持ちたかったのだろうと言う。3つの夢を報告する。パラシュート飛行の訓練を受けているが、批判する指導者に嫌いだと叫ぶが、最後は排除されている。有名人と話しているが、うまく話せず、排除される。人々が何か彼に対して共謀している城にいて、彼が共謀を明らかにしようとするが、気が付いたら排除されていた。3つに共通する要素を検討する。私は、彼が小さいとき、仲の良い両親たちから取り残されること、例えば彼らのセックスから排除されていたことを話題にする。そして、私は、夏で治療が終わるが、その後は希望すればグループ精神療法に参加できることを伝えている。

第15回（5月26日）

夢の報告。夢の前半では、女性たちの前でスピーチを行うよう頼まれるが、服装がジーンズで不適切で不安に思う。夢の後半では、安い肉を手に入れるために肉屋へ行くが、肉屋は大男で手にナイフを持っており、彼は自分が小さく感じる。彼は自分の腕時計がないことに気がつき、肉屋の腕時計が自分のものだと主張して肉屋を非難するが、結局自分のものでないと分かり馬鹿だなと感じる。この後半の夢については、患者はよく分からなくなり、自分はうまくやっているだろうかと尋ねる。私は「自分の分析をうまくこなしているよ」と答え、面接の終了時間が来て自分の腕時計を見たとき、気がついて、「この腕時計が欲しいのかな」と言うと、彼は「ということは先生と競っているというわけですね」と笑った。

第16回（6月2日）

夢の報告。家に帰ると、2人の泥棒がいて、彼らと戦うが、子供が大人と戦っているみたいだったと言う。後半の夢では、車を運転していると、泥棒が道の上に立っていて、同情し、車に乗せて送ってやる。彼は、この泥棒を彼への非難と結びつけ、それとの怒りと仲直りだと解釈する。ここで、自分でも「良くなってきた」し自信もついてきたので2週間に1度にしたいと言うので、私は同意する。

その後、私はA病院の症例検討会にケースを出すよう言われ、本症例を選ぶことにした。それで、医局長であるR医師が、本人に出席依頼の手紙を出し、打ち合わせを兼ねて一度面接したところ、本人は事例検討会に出席することに同意している（A病院では患者が症例検討会に招待される）。

第17回（6月16日）

検討会出席の不安を語る。そして、彼が良くなっていることをわれわれが強調し過ぎたと彼が怒っているように私は感じる。何よりも、R医師が身体的症状と心理的問題との関係をきいたので、これを私と話し合いたいと言う。そこで、症状がひどくなるときは怒りがありそれが出せないでいるということを思い出しながら、いざ症状のことを考えると怒りのことを忘れるということが面接で起きる。それで、私は今でも怒りの表現に困難があるように思うと指摘すると、彼は怒りの置き換えで身体症状が出現する可能性をうまく把握する。そして、R医師の質問はするが答えを示さない態度から、皆は答えを知っているのに質問するという被害的な不安を語る。ただし、「これはいつものパターンだ」と言う。頭痛は少しずつとれてきていると言い、前より理想化がなく現実的になっていると私は感じる。

その後の6月21日、症例検討会が開催される。A病院に勤務する医師たち300名近くが出席する。私の報告は、夢の分析を中心にしたものだったが、私もかなり緊張していた。第15回で報告された夢の「安い肉とは何か？」と司会者からきかれて、それは私の（それも外国人の）保険診療のことだろう、と自覚して答えたら、皆が大いに笑ったことをよく覚えている。笑いがおきたのは、それが正解だったからだろう。患者も質問によく答えてくれた。当時は、精神分析・精神療法のグループは、H. J. Eysenckを中心とした行動療法グループから手ひどく非難されていたときだったので、われわれのグループは検討会に対して警戒的だった。患者の退席後、フロアからの討論では、行動療法のチームの1人から、不安に満ちた夢を報告するうちに不安体験が脱感作されていく過程を指摘された（当然の指摘である）。報告は概ね好評であった。

第18回（6月23日）

患者は、まず社交的になって、質問にうまく答えられなくて、私を助けることができなかったように感じると言った。さらに、当日うまく答えられなかったQ医師の質問「空手をやっていた理由」について語り合った。空手を始めたのはちょうど症状が出たときのことなので、今なら強くなりたいという思いと怒りの表現のためであると答えるだろうと言いながら、患者はその答えに不満で、不完全な気がすると言った。私は、彼の完全主義は、怒りのために破壊した損傷を直そうという彼の試みであると指摘するが、この解釈は彼にはうまく取り入れられたと思う。

第19回（7月7日）

治療者に対しての怒りがあると言うので、これを私は2人の別離に対する反応であると思うと解釈する。再び、拒否された感じについて語り始め、13歳のとき彼に拒否的になった男の友人について思い出す。私は、それが同性愛感情を抱いた頃であることを指摘し、その詳細について尋ねた。彼は率直に、スーパーマンのように感じていた友人が別の友人と仲良くなったとき、嫉妬を感じ、「自分が傷つきやすく、不安定で、そして攻撃的になった」と言う。私は、それがここでも去って行く治療者に対して起きていることを指摘する。彼が次回の面接では何か特別なことがあるのかときいてきた。私は、いつものようにやりたいと伝える。

第20回（7月14日）

すべて話しあったと思うが、最後にひとつ検討したいのは食べ物の問題であり、おなかがすくと不安になり、おなかが一杯になると罪悪感を感じるということについて話す。私が促すと、おなかがすくと母親に対してひかれたが、おなか一杯食べると拒否的になったことを語る。この葛藤は催眠術で直るかときくので、それは魔術的なものであることを私は指摘する。そして、母親に対する愛情と拒否感について話し、おなかがいっぱいになっても食べることを強いた母親のことを思い出す。過食するのは、母親が満足するまで食べてしまうからだろうと解釈する。彼は、これで全部話せたと思うと言う。最後に、私は彼から多くを学んだと伝え、これを受けて彼も同様だと答え、握手をして別れる。

V　さいごに

治療が行われたのはずいぶん前のことで、今からではもうフォローアップはできない。この報告は、2人のやり取りが中心になっているので、私と彼とが対等に話し合っているように見えるが、実際は彼が不平を述べているように、私はほとんど発言していないし、終始彼の発言が中心で進行した。

彼の同性愛的な迎合的態度、つまり「防衛」の奥にある、拒否される不安と、彼の男性的主張や怒りに焦点づけられていく様子が、よく見えるだろう。時間があれば、三角関係の中での競争と排除の問題だけではなく、同性愛葛藤、そして母親との愛情と拒否の二者関係の問題に、焦点は移っていっただろうと思う。そのことは、最後の2回の面接においても、患者によって示されている。

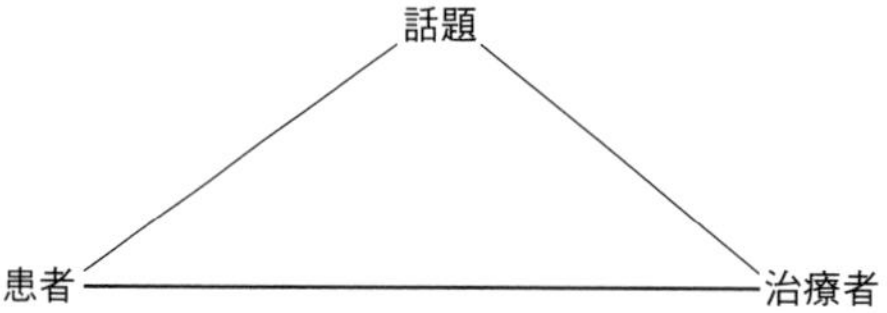

図1　治療的媒介関係

しかし本治療の中心テーマはやはり三角関係のものである。とくに、墜落する飛行機の夢から、パラシュート飛行の訓練を受けて飛び降りることができたり、ボスに嫌いだと叫ぶようになったり、夢が変化（進化）するところは興味深い。つまり、墜落する飛行機（患者）・大地（母親）・高層ビル（父親）という危険な三角関係から、飛行機からジャンプするパラシュート訓練生・大地・指導者という安全な三角関係に移っていったことは、彼の進歩を示すものであった。

もちろん、これは神経症であり、パーソナリティの問題もあるが、とにかく軽症であろう。だからこそ、内容はきわめて文化的なのである。最初に挙げた、母親との性的交流と権威的な父親への怒りを、これほどまでに三角関係の問題としてセットで結びつけるのは、夫婦と子供が別室で眠るという「育児の構造」も含めた、育ち方の文化が大きくものを言っていると、今では思うのである。

ひとつだけ最近の考えを言うと、患者と私が同じ話題について、ああでもないこうでもないと語り合うときの、患者・治療者・話題の3項が織り成す媒介的な関係はあらゆる治療の基本形だが、これは「三角関係」とは呼ばないほうがいいと思う。浜田寿美男や、やまだようこらの日本の発達心理学者は、乳幼児の発達におけるこの母子・対象関係を「三項関係」と呼ぶが、媒介となる対象世界は、まさに夢の語りのごとく通り過ぎて行く世界であり、共有された文化であり、「項」として自立したもの、対象化されたものでもないと思う。それで、同じものを共に眺める「二・五関係」は媒介的関係であり、それを取り持つ対象は媒介的対象(mediating object)と呼んでおきたい。

最後に、これは短期間の治療であり、今見てみると若く性急で、未熟なところが多く、とくに短くまとめると表面的なやり取りのようにも読めるかもしれない。しかし、当時の真剣勝負的な感じは表面的なものではなかった。そして、このように深く詳細な理解が可能になったのも、スーパーヴァイザーであるM. Jackson先生(英国精神分析協会会員)と、率直に語ってくれる患者のおかげであると確信している。

(1) アテネから車で3時間くらいのところに、エディプス物語で有名なデルフィの神殿があり、そこから小1時間で父王ライウスがエディプスに殺された三差路がある。最近この三差路に記念碑が建てられた。第4回デルフィ精神分析シンポジウム(1996年7月)のテーマは「成人の性愛とエディプス・コンプレックス」であったが、その会期中に記念碑の除幕式が行われた。私は、その会議で「禁止とはかなさ」という論文を発表し、除幕式にも出席した。人間の悲劇性に関わるシンポジウムと伝承を行き来しているところで、この原稿の構想が生まれた。

(2) 以下に報告する治療は、英国のA病院外来精神療法ユニットで行われた治療であり、精神科医としての卒後研修2年目に入っていた。治療の一部は、「三角関係に向けて」という題で、精神分析研究(36；43-52, 1992)に発表されている。拙著『自分と居場所』所収(岩崎学術出版社、1993)。また、期限の設定された治療についての考察は、北山修「精神療法当日の時間的要因」(精神分析研究、23；71-84, 1979)にある。

――出典「精神科治療学」第12巻第1号(1997年1月)

A病院外来精神療法ユニット

北山　修

I　はじめに

英国にあるA病院の外来患者のための建物はその4階のフロアーを精神療法にあてている。待合室からのエレベーターを降りるとすぐ前が秘書たちの部屋で、それに続いて面接治療用のオフィスがならび、廊下のつきあたりには集団精神療法のセミナーのための大きな部屋がある。ここでは年間１００人あまりの外来患者たちが精神療法を受けている。

A病院では様々な理論と技法を用いる心理的治療が行なわれているが、精神療法とは“exploratory”“interpretative”“psychodynamic”などと形容される精神分析的な精神療法をさし、一般外来で行なわれるsupportive psychotherapyや、A病院の臨床心理士や看護者たちによって行なわれる行動療法とははっきりと区別されている。その定義にも様々なものがあるが、A病院のconsultant psychotherapistであるH. H. Wolffは、“insight — directed psychoanalytically — oriented psychotherapy”と定義している。

大学医学部の卒後教育のための専門病院であるA病院は、色々な意味で英国の精神医療の特徴を映し出している。英国の精神医療やその卒後教育についてはこれまでにも詳細に報告されており（文献1, 6）、A病院の活動も著名な〝行動主義者〟たち（例えばEysenck, Rachman, Marks）がいることで日本においても知られている。しかし、精神療法ユニットについては詳しい報告は少ない。筆者は英国での卒後研修のうち1年間をclinical assistantとしてこのユニットですごしたので、その内容を報告し、英国の精神療法の現状とその問題点を概括してみたい。なお、英国の精神分析についてはは先に牛島（文献18）の報告がある。

Ⅱ　精神療法ユニットのスタッフと活動

4人のconsultant psychotherapist、1人のsenior registrar、3人のregistrarを中心として、これに5名のsenior tutorと数名のclinical assistantが加わる。[1] 通例全員が精神科医であり、consultant psychotherapistのうち約半数が資格のある精神分析医で、他の者も精神療法に関わりのある何らかの団体に所属している。

臨床における活動は大きく分けて2つあり、主にconsultant psychotherapistやsenior tumorによって行なわれるassessment interview[2]と、主にregistrarやclinical assistantによって行なわれる精神療法である。一般外来、関連病院、病院外の一般医や精神科医から紹介されてくる患者は年間200例以上あり、assessment interviewによって精神療法が必要または適当と認められた患者のうち約半数が個人精神療法、残りが集団精神療法を受ける。精神療法にはユニットのスタッフ以外に、A病院に働く治療スタッフ中の希望者がsenior registrarの許可を受けて参加できるシステムもあって、臨床心理士や職業訓練士たちが集団療法のco-therapistとして治療にあたっている。

Ⅲ　精神療法ユニットの教育的機能

原則として、精神療法を行なう治療者全員がスーパーヴィジョンを受けねばならず、そのスーパーバイザーにはconsultant psychotherapistとsenior tutorがなる。スーパーヴィジョンの割りあては医長が行なうが、治療をはじめる者の希望も大きく聞き入れられ、異なる理論的背景を持つスーパーバイザーに数多く接するよう勧められている。

精神療法ユニットのスタッフを対象とした抄読会が毎週2回行なわれ、そのうち1回が精神療法に関する一般的な論文、もう1回がフロイトやメラニー・クラインなどの精神分析理論についての論文を取り扱う。これに加えて、期間を限定して集団精神療法などの特殊な内容が取り扱われるセミナーも開かれ、これらのセミナーや抄読会の指導にはconsultant psychotherapistがあたる。

同じくconsultant psychotherapistの指導のもとに週2回の症例検討会がもたれ、これにはA病院と関連病院の治療スタッフが自由に参加できる。症例もユニットのものに限られず、たとえ精神療法により治療されていないものでも、治療の全経過についての精神力動的な側面や治療者—患者関係が参加者全員により批判検討される。そして、フロイト学派や対象関係理論などの様々な立場からの意見が自由に交換されて、最後にconsultant psychotherapistがこれをまとめるのである。また、ワンウェイ・スクリーンのある部屋で毎週1回は集団精神療法が行なわれ、これも許可さえ得ればユニット外の者も見学できるようになっている。さらに、ソーシャル・ワーカーや臨床心理士に広く参加を呼びかける家族療法のセミナーもあり、小児精神科と連絡をとって実際の治療をビデオ・テープなどで見せている。

以上が大まかな教育活動であるが、症例検討会への参加や集団精神療法の見学により精神療法の基本的な性格をつかみとってから、ユニット外部からの参加者として症例やグループを受け持ってスーパーヴィジョンを受けるまでが第1段階であり、これがユニットで働くためには必須となっている。そして、精神療法に関する適性をつかみ、もし研修期間の一定時間を精神療法に費やすことを自他共が納得した場合、このユニットへ配属されることを希望することになる。

Ⅳ　精神療法ユニットを特徴づけるもの

筆者には英国以外の場所におけるpsychotherapistとしての臨床経験がほとんどないが、文献や日本の実情に照らし合わせてこのA病院の精神療法ユニットに特徴的と思える事柄を列挙してみたい。

1　国民健康サービス

この精神療法は、包括的な社会保障制度の一環として発足した国民保険サービスのもとで、原則としては貧富、人種、職業の如何を問わず無料で患者に利用される。しかし、その利用者の大部分が中産階級以下の者たちであり、余裕のある者は時間と回数の比較的自由になる個人的な治療者や精神分析家を訪ねるようである。一部には「医療の質は低い」という印象もあるが、教育スタッフの内容とその首尾一貫した姿勢を考えれば、その診療は理想的ではないにしても一般水準以上のものであると筆者は思う。

2　稀少価値的存在　A病院とその関連病院である王室病院は伝統ある病院として特別扱いされる傾向があり、設備と医師の数については英国の精神病院の中で「最上」の部にはいる。精神療法の総合的な教育を行なえる病院は数えるほどしかなく、ロンドンでは精神分析の研究所を持つクリニックとこのA病院の2つしかないと言われている。また tutor の多くが精神分析のクリニックや研究所を兼任しており、精神分析学会での動きなどが直接反映してくる場所でもある。

3　卒後研修の一環　A病院はその敷地内に大学精神医学研究所を持ち、精神医学卒後教育のための研修病院である。registrar や clinical assistant たちはたいてい3年間ここで研修し、Diploma in Psychological Medicine（D.P.M.）や Membership of Royal College of Psychiatrists（M.R.C.P.）をとるための試験を受けるのだが、その間一般精神医学、救急外来、小児精神医学などの各部門をまわる。その中の一環としてこの外来精神療法ユニットも組みこまれており、期間は9ヶ月となっている。また、ここで働く精神科医全員に最低1例の個人精神療法と集団精神療法を行なうことが勧告されており、このユニット以外に勤める約70名の registrar のうち約半数がこれに応じてスーパーヴィジョンを受けている。しかし、clinical assistant には外国人医師が多く、自分の留学目的と母国の実情に合わないという理由から精神療法に関心を示さない者が大半である。

4　診療と教育　精神療法ユニットの registrar たちは個人精神療法の患者を10～14人、そして集団精神療法のためのグループを1つ受け持つ。面接回数は週1～2回で1回45～50分、グループの場合は1回90分であるため直接の診療時間は週平均15時間になる。clinical assistant の場合はこの半分となる。そして、これと同じくらいの時間がスーパーヴィジョンに費やされ、このユニットでのセミナーや研究所での講義に出席して残った時間が患者のレポート作成や研究に割りあてられるのである。これが理想的なものかどうかは意見の分かれるところだろう。

5　Brief Psychotherapy ではない　Malan[文献7]（1963）や Balint ら[文献2]（1972）は、治療の目標となる症状や問題を最初に定め、それに向けて限られた回数のセッションで積極的に治療する brief psychotherapy や focal psychotherapy を提案した。しかしこのユニットでは治療内容を限ることは稀であり、本来の精神分析の姿に近くあろうとしているようだ。実際的な必要性のある場合を除いては、期間を限らずに治療は始められ、registrar が9ヶ月で交代するために原則として9ヶ月以上は続けることになっているが、ユニット外の者が受け持つ症例には数年にわたって治療されているものが多い。registrar や clinical assistant が交代する時はスーパーヴィジョンで今後の治療方針が検討されるが、必要と思われる限り次の治療者へと引き継がれていく。

一般に精神療法は精神分析療法とは区別されているのであるが、どちらも精神分析理論のできる限りの応用を目的としている。故に、古典的な精神分析がA病院の精神療法と異なる点を単にセッションの回数や寝イスの利用に求める向きもあるが、現象面での相異についてはスーパーバイザーたちも意見を同じくしないようだ。

6　スーパーバイザー　スーパーヴィジョンを行なうconsultantとtutorたちは共通してその理論的基盤をフロイトの創始した精神分析におくが、それぞれの細かな内容については大きく異なっている。英国精神分析学界はフロイト学派、対象関係論者、クライン学派、そしてそのどれにも属さないIndependent、などと様々に色分けられていて、それがそのままこのユニットのスーパーヴィジョンに反映されているのである。さらに、ロンドンにはInstitute of Psycho-AnalysisのほかにInstitute of Psychotherapy, Institute of Group-Analysisなどがあって、スーパーバイザーたちの所属する団体が異なり、彼らのアイデンティティも微妙に違ってくるわけである。

英国に精神分析が導入された時から、Eclectics（折衷派）と呼ばれた精神分析家たちがいたが、この流れは今でもあるようで、これが精神分析学界や精神療法の世界の分裂を防ぎ統合のために機能しているという面もある。

7　スーパーヴィジョン　この様々なオリエンテーションを持つスーパーヴィジョンにできるだけ幅広く参加することが勧められている。スーパーヴィジョンは個人で行なうものと3〜4人のグループで行なうものとがあるが、時間的な能率をあげるためにはグループ・スーパーヴィジョンのほうが多くなる。それで1回のスーパーヴィジョンで個人精神療法の症例と集団精神療法の内容が続けて報告されるようなこともある。

8　総合精神病院　A病院は総合精神病院であり幾つもの部門に分かれていて、外来には行動療法の専門外来やMasters & Johnsonの技法を取り入れたセックスクリニックまである。そこで当然他部門との協力が必要となり、精神分析理論を認めない部門との競合も生じる。この点から、病院全体が精神分析の応用と研究を推進しているクリニックなどとは決定的に異なる事情が生じてくる。

協力ということでは、tutorの1人が病棟を受け持っているほか、一般病棟の一部、救急外来、デイ・ホスピタルなどにユニットからtutorやconsultantが出向いてセミナーやスーパーヴィジョンを行なっている。調査研究のための協力では、現在marital therapyについて行動療法的な方法との比較研究が行なわれており、その一部はすでにCrowe[文献3]（1973）により発表されている。もちろん、精神分析を認めない精神科医も多いのであり、病院全体で行なう特別症例検討会に精神療法の症例が提出される時はかみ合わない議論が続くことがある。

A病院で行動療法を推進する人々の精神療法についての見解〔例えばEysenck[文献4]（1965）、Marks & Gelder[文献11]（1966）、

Marks[文献10]（1974）〕に刺激されての論争〔例えばWolff[文献20]（1971）〕がセミナーや講義に映し出されていて、同時に両方の意見が聞けることは若い精神科医にとり非常に教育的であると言われている。

９　患者　外来通院が可能な限り、どのような患者でも対象にしようという努力がなされている。故に神経症やパーソナリティ問題だけではなく境界例やschizoid[3]も外来で週1〜2回のセッションで治療されており、一般の精神分析家や精神療法治療者とは違って総合精神病院の中での精神療法であるという性格が強くおし出されている。そして、治療中の投薬は原則として行なわれていない。

Ⅴ　モニタリング・データ

１９７０から１９７２年の3年間でこのユニットに紹介された患者の数は７８６例であったが、この全症例についてカードに記入された調査事項がまとめられたので、それをもとにしてユニットの患者の動きを少し追ってみたい。

１年間に平均２６２例が紹介され、そのうち43％が男性、57％が女性であり、過半数の年齢が20代そして同じく過半数が独身であった。紹介の4分の3が院内からのもので、その他が市中のG.P.（一般医）や外部の精神科医からきている。紹介された患者には調査表が送付され、assessment interviewの予約がとれるまで待たねばならない。原因は究明されてはいないが、紹介された患者のうちの5分の1はこのassessment interviewに至るまでに脱落する。

精神療法に対するsuitabilityが判断されるassessment interviewで“suitable”とされるのがそれを受けた者の85％以上で、このうち約50％が個人精神療法、残りが集団精神療法の機会を与えられ、治療のwaiting listにのせられて治療者の連絡を待つことになる。治療の機会を与えられた患者たちの全員が治療を始めるわけではなく、ここでも約5分の1が脱落する。この脱落の理由には他所での治療や症状の変化などもあるだろうが、数ヶ月も待たねばならないwaiting listや事務上の問題が大きく影響している場合もある。またassessment interviewが「成功」したからこそ脱落する場合もあるので、これらの「脱落」の意味については即断は許されない。

結局、紹介された患者の約半数が実際に精神療法を開始するのであるが、このうちの5分の1が3ヶ月以内に治療を中断し、半年以上にわたって治療を続ける者は約70％である。ここでも、治療の期間は決して治療内容の患者にとっての意義を反映するものではないということが強調されねばならない。

Ⅵ　精神療法ユニットの問題点

1　精神療法教育の需要と供給　A病院やその関連病院に勤務するregistrarの中でこの精神療法ユニットで訓練を受けることを希望する者は多く、1976年の秋には10人以上がその希望を表明している。9ヶ月の間で3人のregistrarしか受けいれることができないため、この増員がregistrarたちより病院当局へ申し入れられており現在検討されている。病院の予算が縮小の傾向にあるところから、他部門の人員を減らしてこれを実現させるしかなく、当然反対意見もあって難かしい状況である。しかし、このままでは2〜3年待つことを覚悟せねばならない者もいるという。

一方、教育スタッフの充実も常に配慮されており、一種の教育への情熱のようなものに訴えかけることにより、資格ある精神分析医や経験豊かな精神療法家が確保されているようだ。

2　患者のwaiting listの慢性飽和状態　Assessment interviewの後に治療が実際に始められるまで、患者は3ヶ月以上も待たされることがあり、常に30人前後の者がwaiting listに載せられている。急を要する患者は優先的に取り上げられるが、経済的余裕のある者には有料の治療を紹介せねばならないことが多い。

3　行動療法との対立　A病院で行動療法を行なう心理学者Rachman(文献14)(1974)は「(精神分析の)見事な業績はその一般性を持たすための誇張のために歪められている」と言っている。確かに精神分析学者の研究の一部に教条的な独断や誇張を感じる人も少なくない。そこで、実証と実験を重んじる英国精神医学会においては、何らかの形でその説得力と精密度を増す努力が精神分析学者に要求されているのである。「時には明白で客観的で定量的なものとすることのできる判断基準」による研究を発表する行動療法についての論文に比べ、精神療法の研究が「精神療法が有効であることを実証できていないこと」で特徴づけられることを精神療法家Malan(文献8)(1973)も認めている。彼は「精神力動的な変化の複雑さを充分反映できる基準」が必要であることを強調しているが、先のモニタリング・データなどの分析についても同じことが言えよう。一方関連病院に行動療法の研究と治療者の養成のための病棟を持つMarks(文献9)(1971)は「対立する学派の主張はさらに穏やかに、その評価も冷静になりつつある」と言っているが、大学精神医学研究所での精神療法の講義の中で、精神療法ユニットの講師が恐怖症のための行動療法について時間をさいていることから、Marks の言っているような兆も確実にあると言えるようだ。

Ⅶ　英国における精神療法の展望

1　精神療法の教育　「機会が乏しいうえにそれが著しくかたよって分布しているため、あらゆる種類の精神療法においてその教育の機会を英国でみつけることは未だに困難である」（Ryle, 1976）(文献17) と言われているが、資格ある精神分析家の数がわが国より数十倍も多い英国は大都市に関する限りは比較的恵まれている。

１９７１年に英国精神科医会（Royal College of Psychiatrists）(4) は精神療法が精神科医が身につけるべき技能のひとつであることを認めたが、その教育に必要なスーパーヴィジョンを義務づけることが提案できなかった。(文献15) 理由は第一にスーパーバイザーの不足である。(文献12) しかし同会の精神療法部門の１９７５年の報告では、地域単位における精神療法の質的向上を実現させるべく、約20万人に１人の consultant psychotherapist をおくことなどを提案している。(文献16) これを英国で実施するためには常勤の consultant psychotherapist が２５０人以上必要なのであるが、現実に働いている精神分析家は１３５人、そのうち consultant psychotherapist として専門的に精神療法に従事している者はわずか16人で、そのほとんどが非常勤で大都市を中心に分布しており、全国的には極度に不足しているのが現状である。

2　精神療法治療者の不足　A病院は人口17万の Camberwell 地区の精神医療を重点的に行なっている。そこで行なわれた調査によれば１９６５年に41人の患者が分析的な精神療法を受けており、外来患者全員の病歴を検討してその約４倍の数の患者たちが精神療法を必要としていた可能性のあることが報告された（Wing & Wing, 1970）(文献19)。さらに、精神病院に患者を紹介してくる一般医の精神療法についての技能や経験とそのための時間が極端に限られていることにより、実際の需要はそれより遥かに大きいことも指摘されている。何よりもまず精神療法治療者の増員が訴えられているのだが、国家財政の窮迫している英国でこれがすぐに改善されるとは考えられず、むしろ社会福祉予算の大幅な削減と共に事態が悪化することも充分にありうる。

3　精神療法化社会　治療者の数を増すことが第一に唱えられているような印象をこれまでのところで与えたと思うが、先にも述べたように精神療法が絶対的に「有効であることを証明できていない」治療法であることも忘れられてはいない。精神療法の正当性を本稿で議論することは適当ではないが、これをつきつめてゆけば科学の方法論についての態度を明確にせねばならなくなる。少なくとも、精神療法が病状を悪化させ、他の治療法と同様に〝患者さん〟に対して善意の裏切り行為を犯す危険性を持つ場合もあることは認められねばならない。

精神療法は未だにその内容が誤解されたり価値が誇張されすぎたりする性格のものである。また、精神療法の知見が医療以外の場面で色々と利用されてしまうこともある。精神療法が一般に受け入れられる時、それがI. Illich[文献5]の主張するMedicalization of Lifeを促進する可能性も充分にある。つまり、医療の拡大がいたずらに患者の数を増やすという現象で、英国でも一部の患者に治療への耽溺を生んでいることが示唆されている。そして、精神療法にとりつかれた社会を未来図として描くことは困難ではなく、既に欧米の大都会では一般雑誌がまるで〝商品〟のように〝精神療法〟の広告を掲載し、フロイトの著作や次々と発表される〝新しい精神療法〟に関する書物が駅や空港の売店で売られている。その謳い文句だけを読むなら、子供は〝精神療法的に〟育てられ、人間関係は〝精神療法的に〟指導され、病者は〝精神療法的に〟治療されるという〝精神療法化社会〟がすぐそこまで来ているという印象はぬぐえない。

さらに具体的な例を挙げて言えば、理論的背景や内容の不明確な〝精神療法〟の増加、経験のない者がスーパーヴィジョンを受けずに精神療法を行なうこと、などにどのように対処するかを慎重に考えねばならず、英国でも逆転移を処理できなかった治療者が患者と様々な事件を起こしていると聞く。

小此木[文献13]が指摘するように精神医学においても輸入文化に対して寛容な〝日本的特性〟を持つわが国にも、このような〝精神療法化社会〟は決して無縁ではないだろうと筆者は考える。

Ⅷ 結語

以上、A病院の精神療法ユニットにおけるpsychotherapistとしての経験を通じて気がついたことをもとに、その活動と問題点をできる限り幅広く報告してみた。その大部分が単なる印象にすぎないとしても、何らかの客観性を持ち少しでも読者に寄与するところがあるとすれば、それは私のスーパーバイザーのおかげでもあり、筆者はここに深甚なる感謝を表する次第である。

御校閲を頂いた慶応大学精神神経科、小此木啓吾助教授に謝意を表します。

注

（1）英国の医療機構には様々な役職名があり、その活動の内容も一定ではない。consultant は主に病棟の医療面での指導と教育を担当し、consultant psychotherapist は特に精神療法についての指導を行なう者である。senior tutor は非常勤の教官で consultant の活動を補い、事務的な仕事も行なう senior registrar は日本の医長に相当するようである。registrar は普通3年の卒業研修のためにA病院に勤務し、そのうち9ヶ月間この精神療法ユニットに配属される。また clinical assistant はA病院の敷地内にある大学精神医学研究所で postgraduate student として卒後教育を受ける者で、病院においては無給であるが臨床研修の内容は自由に選択でき、勤務時間外のアルバイトなどについても比較的自由に行なえる。

（2）assessment interview は、紹介されてきた患者について精神病理的検索を行なう面接であり、精神分析理論にのっとり dynamic diagnosis や ego strength が探られて、精神療法の適応性についての判断が下される。

（3）対象関係理論の中で schizoid character や schizoid defence や schizoid position として使用される“schizoid”を指す。

（4）精神科の専門医たちの団体で、入会するためには3年の卒後研修の後に試験を受けねばならない。この中に精神療法家たちの部門があり、委員会がつくられて精神療法の卒後教育の改善が検討されている。

文　献

（1）阿部和彦「外国における精神科専門医制度とその実態——イギリス篇」、「精神医学」11 ; 833, 1969.

（2）Balint, M., Ornstein, P. and Balint, E. : *Focal psychotherapy*, Tavistock, London, 1972.

（3）Crowe, M. J. : Conjoint marital therapy : advice or interpretation? *J. Psychosom. Res.*, 17 ; 309, 1973.

（4）Eysenck, H. J. : The effects of psychotherapy. *International Journal of Psychiatry*, 1 ; 101, 1965.

(5) Illich, I. : *Medical nemesis : the expropriation of health*, Calder & Boyars, London, 1975.
(6) 石川義博「イギリスの精神医療と精神医学」,「精神医学」15 ; 696, 1973.
(7) Malan, D. H. : *A study of brief psychotherapy*, Tavistock, London, 1963.
(8) Malan, D. H. : The outcome problem in psychotherapy research : a historical review. Arch. *Gen. Psychiat.*, 29 ; 719, 1973.
(9) Marks, I. M. : The future of the psychotherapies. *Brit. J. Psychiat.*, 118 ; 69, 1971.
(10) Marks, I. M. : Research in neurosis : a selective review (2. Treatment). *Psychological Medicine*, 4 ; 89, 1974.
(11) Marks, I. M. & Gelder, M. G. : Common ground between behaviour therapy and psychodynamic methods. *Brit. J. Psychol.*, 39 ; 11, 1966.
(12) O'Farrell, P. : Individual psychotherapy. *Brit. J. Hosp. Med.*, March, 216, 1976.
(13) 小此木啓吾「わが国精神医学・医療の輸入文化的特性」,「精神医学」17 ; 1413, 1975.
(14) Rachman, S. : *The meanings of fear*, Penguin Books, London, 1974.
(15) Royal College of Psychiatrists : *Brit. J. Psychiat.*, 119 ; 552, 1971.
(16) Royal College of Psychiatrists : 'Norms' for medical staffing of a psychotherapy service for a population of 200, News & Notes (Royal College of Psychiat.), October, 4, 1975.
(17) Ryle, A. : Group psychotherapy. *Brit. J. Hosp. Med.*, March, 239, 1976.
(18) 牛島定信「英国の精神分析」,「精神分析研究」19 ; 306, 1975.
(19) Wing, J. K. & Wing, L. : Psychotherapy and the National Health Service. *Brit. J. Psychiat.*, 116 ; 51, 1970.
(20) Wolff, H. H. : The therapeutic and developmental functions of psychotherapy. *Brit. J. Med. Psychol.*, 44 ; 117, 1971.

――出典「精神医学」20巻1号（1978年1月）

編著者略歴

（きたやま・おさむ）

1946 年淡路島生まれ．精神分析家．1972 年，京都府立医科大学卒業後，ロンドンのモーズレイ病院およびロンドン大学精神医学研究所で卒後研修．帰国後，北山医院（現南青山心理相談室）院長．専門は精神分析学．医学博士．元日本精神分析学会会長．現在，九州大学名誉教授，日本精神分析協会会長．日本精神分析学会学会賞（古澤賞，2011）同学会出版賞（小此木賞，2013）受賞．

主な著書に『悲劇の発生論』（金剛出版，1982／増補新装版 1997）『錯覚と脱錯覚』（岩崎学術出版社，1985／改訂版 2004）『幻滅論』（みすず書房，2001／増補版 2012）『共視論』（共著，講談社，2005）『日常臨床語辞典』（執筆・監修，誠信書房，2006）『劇的な精神分析入門』（みすず書房，2007）『覆いをとること・つくること』（岩崎学術出版社，2009）『最後の授業』（みすず書房，2010）『評価の分かれるところに』（誠信書房，2013）『意味としての心』（みすず書房，2014）『定版 見るなの禁止』（岩崎学術出版社，2017）など．主な監訳書にＤ・Ｗ・ウィニコット『小児医学から児童分析へ』（岩崎学術出版社，1988），Ｊ・ストレイチー『フロイト全著作解説』（編集・監訳，人文書院，2005），フロイト『「ねずみ男」精神分析の記録』（編集・監訳，人文書院，2006）『フロイトと日本人』（編著，岩崎学術出版社，2011）など．

同時にミュージシャンとして，大学在学中にザ・フォーク・クルセダーズ結成に参加．「戦争を知らない子供たち」（1970）で日本レコード大賞作詞賞を受賞．平仮名名義で分析的自伝『コブのない駱駝』（岩波書店，2017）を出版．

解説者略歴

飯島みどり〈いいじま・みどり〉 臨床心理士，日本精神分析学会「認定心理療法士」．慶應義塾大学大学院社会学研究科修了．現在，慶應義塾大学 学生相談室アソシエイト・カウンセラー，南青山心理相談室．

大森智恵〈おおもり・ともえ〉 臨床心理士，日本精神分析学会「認定心理療法士スーパーバイザー」．京都大学大学院教育学研究科（博士課程），南青山心理相談室．

訳者略歴

金坂弥起〈かねさか・やおき〉 臨床心理士・認定心理士．九州大学文学部哲学科（心理学専攻）卒業．同大大学院教育学研究科博士後期課程単位取得後満期退学．現在，鹿児島大学大学院臨床心理学研究科准教授．

児玉恵美〈こだま・えみ〉 臨床心理士．九州大学大学院人間環境学府人間共生システム専攻心理臨床学コース博士後期課程単位取得後満期退学．現在，広島修道大学健康科学部心理学科准教授．

田中裕記〈たなか・ゆうき〉 精神科医．九州大学大学院人間環境学府人間共生システム専攻臨床心理学指導・研究コース修了．富山大学医学部卒業．現在，九州大学大学院医学研究院精神病態医学．

北山修編著
「内なる外国人」
A 病院症例記録
飯島みどり・大森智恵解説
金坂弥起・児玉恵美・田中裕記訳

2017 年 11 月 10 日　第 1 刷発行

発行所 株式会社 みすず書房
〒113-0033 東京都文京区本郷 2 丁目 20-7
電話 03-3814-0131(営業) 03-3815-9181(編集)
www.msz.co.jp

本文組版 キャップス
本文印刷・製本所 中央精版印刷
扉・表紙・カバー印刷所 リヒトプランニング

ISBN 978-4-622-08659-8
[うちなるがいこくじん]